Dr. Patrick Broome Gabriela Bozic

Yoga fürs Leben

Mit Jivamukti Yoga Mut und Stärke gewinnen, Ängste besiegen und sich dem Leben öffnen

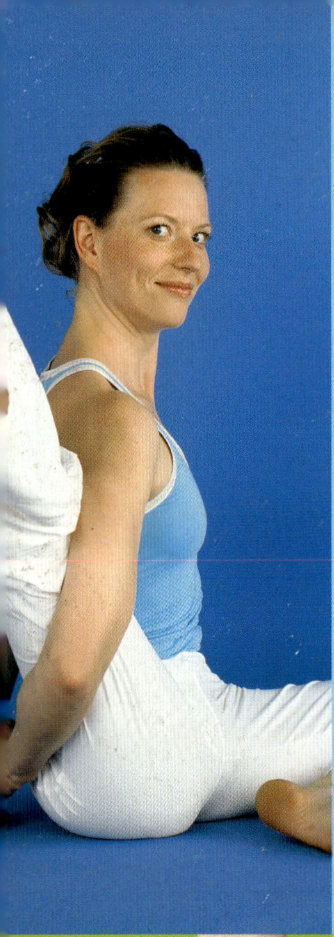

7 Die Welt des jivanmukta

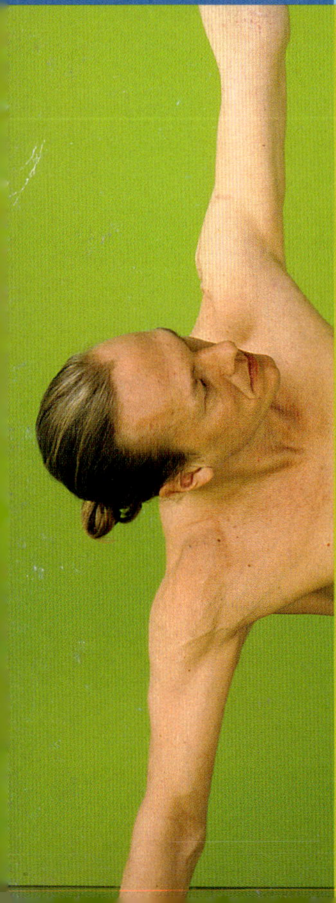

25 Die Grundlagen des Jivamukti Yoga

Die Übungssequenzen

49

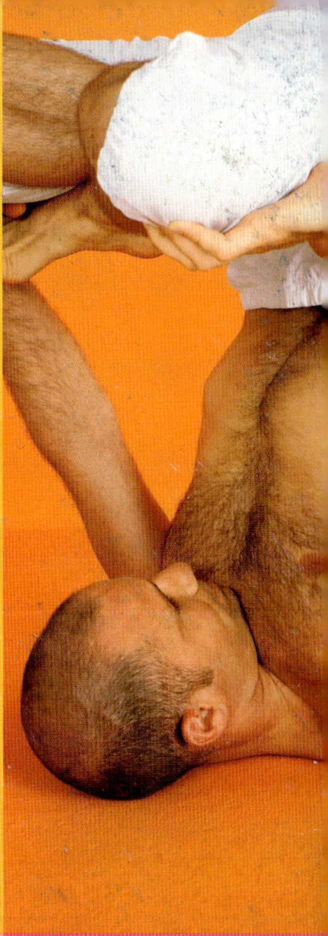

Den Körper entgiften

143

Zum Nachschlagen

Vorwort

Der höchste Sinn des Lebens ist die Suche nach Erleuchtung. Yoga ist ein Weg, diesen Zustand zu erreichen. Das vorliegende Buch erhellt die ursprüngliche und wahre Bedeutung der Körperhaltungen im Yoga: Sie sind ein Mittel, über das wir uns mit der Erde verbinden. Zwei der erfahrensten Lehrer der Jivamukti-Methode zeigen Ihnen, wie die Asana-Praxis Ihre Beziehungen zu anderen reinigt. Und das ist die Voraussetzung, damit Erleuchtung einsetzen kann. Ist Ihr Handeln von Mitgefühl und Wohlwollen geprägt, ernten Sie Stabilität und Freude – für sich selbst und für andere.

Beim Yoga können Sie dieses Wohlbefinden am eigenen Körper und im eigenen Kopf direkt spüren. Durch die regelmäßige, mit Freude erfüllte Praxis wird die Verbundenheit aller Lebewesen und die Einheit allen Seins über kurz oder lang Wirklichkeit. Denn durch unser Inneres erzeugen wir unsere äußere Umwelt. Je feiner und klarer unser innerer Zustand ist, umso besser erkennen wir die vibrierende Stille unserer Seele, die in allen Lebensformen reflektiert wird.

Yoga lehrt uns, dass wir alle untrennbar miteinander verbunden sind. Davon, wie wir andere behandeln, hängt ab, wie andere uns behandeln. Jede Veränderung, die wir uns in der Welt wünschen, muss daher zuerst in uns selbst stattfinden. Wir müssen uns neu erfinden, einen neuen, eigenen Weg finden, zu atmen, zu denken, zu sprechen, zu essen, kreativ zu sein – zu leben.

Im Jivamukti Yoga sind wir uns der Bedingungen in der Welt zwar vollkommen bewusst. Doch statt uns zu beklagen oder mit Schuldzuweisungen zu reagieren, kreieren wir eine neue freudvolle und harmonische Art zu leben. Und das verändert unsere Umwelt ebenso zum Besseren wie das eigene Leben.

Dieses Buch hilft Ihnen, Glück, Schönheit, Leichtigkeit und Frieden für sich selbst zu finden und Ihr eigenes grenzenloses Potenzial zu entdecken. Es liefert das Werkzeug, die Welt zu verändern, indem Sie sich selbst verändern. Sind Sie bereit? Gabriela Bozic und Patrick Broome geben Ihnen einen praktischen Leitfaden zu Gesundheit und Glück. Sie schenken Ihnen Yoga fürs Leben.

Sharon Gannon und David Life, New York

Die Welt des jivanmukta

Sehnen Sie sich danach, dass alle Lebwesen friedlich und wohlwollend zusammenleben? Streben Sie nach Gesundheit und Wohlergehen für jeden Einzelnen? Wollen Sie sich für Umwelt, Tiere und Menschen stark machen? Dann kann Jivamukti Yoga den Weg dorthin weisen.

Im Einklang mit sich selbst leben

Shiva, der Gott der Zerstörung, ist der wilde Tänzer im Götterhimmel. Ein Tier, das mit den Händen Blitze schleudert, während es mit den Füßen Totenschädel zertrümmert. Doch keine Angst. Shiva bedeutet im Altindischen auch »der Gütige« oder »der Freund«. Und wie ein solcher hält er uns einen Spiegel vor. Er bedroht in seinem ekstatischen Tanz lediglich die Angst in uns, die auf Unwissenheit basiert. Eine Angst, die im Yoga Avidya genannt wird und als die Quelle allen Leidens gilt.

Mit jeder Bewegung zerstört Shiva etwas von dieser Angst. Vor unseren Eltern, unseren Lehrern, unserem Chef, den Kollegen, Freundinnen und Freunden, unseren Feinden – ja, er zerschlägt sogar unsere Angst vor dem eigenen Ich. Vernichtet Hochmut, Eitelkeit, Schüchternheit. Alles wird in kleinste Stücke zerfetzt. Anschließend lassen sich die Einzelteile betrachten, um sie in neuer Form zusammenzusetzen.

Dasselbe geschieht mit Ihnen, wenn Sie Yoga machen. Yoga presst Sie aus wie eine Zitrone. Ganz langsam. Was übrig bleibt, ist der reine, pure Saft. Alles, was Sie nicht mehr brauchen, bleibt dagegen in dem Sieb der Saftpresse hängen. Die verbliebene Essenz sind Sie – in reinster Form. Deshalb ist Shiva, der Punk unter den Göttern, auch der Gott der Yogis.

Es liegt an Ihnen, die einzelnen Bestandteile genau zu begutachten und sich von einigen zu verabschieden. Das alles wird wahrscheinlich nicht gleich in Ihrer ersten Yogastunde geschehen. Aber wenn Sie etwas länger dabei bleiben, werden Sie nicht umhinkommen, sich Ihrem Selbst zu stellen.

Der Weg zu unserem Innersten

Wer ernsthaft beginnt, Yoga zu praktizieren, wird unweigerlich mit dem konfrontiert, was er bisher tunlichst vermieden hat anzuschauen: seine Schattenseiten. Er wird lernen, auch die negativen Seiten seiner Person zu leben, denn nur so kann er zu einem ganzen Menschen werden.
Klar, wir alle wollen am liebsten nur mit den positiven Seiten leben. Wenn alles in Harmonie, im Fluss ist, fühlen wir uns toll. Wir möchten gar die Zeit anhalten. Klemmt es dagegen einmal wieder an allen Ecken, treten wir auf der Stelle, ohne voranzukommen – dann gehen wir durch die Hölle. Doch zum Leben gehört die Hölle genauso wie der Himmel. Und auch wenn wir uns eben noch ganz oben wähnen, können wir schon im nächsten Moment ins Nichts fallen. Gerade herausfordernde Situationen bieten uns sogar die beste Möglichkeit zu wachsen. Wir sollten daher langsam lernen, uns selbst zu lieben. So wie wir sind.

Lust auf Leben

Fragen Sie sich also nicht mehr, was Sie tun sollen, um nicht mehr traurig zu sein. Seien Sie einfach traurig und machen Sie keinen großen Wirbel darum. Die unglücklichen Momente gehören genauso zum Leben wie die glücklichen. Ja, sie sind es sogar, die dem Leben die notwendige Würze geben. Denn nur wenn wir unglücklich sind, werden wir zum Abenteurer und machen uns auf die Suche. Erst dann bekommen wir richtig Appetit auf das Leben.

Wie der indische Mystiker Osho so schön sagt, es ist wie mit dem Wetter: Es ist Winter und es ist kalt. Solange es kalt ist, zieh dich warm an, und wenn es nicht ausreicht, zittere und genieße es. Wenn es heiß ist, lass es heiß sein und schwitze. Akzeptiere es einfach. Was sollst du sonst tun?

Wie Shiva zerstört Yoga die Angst in uns. Und das macht uns stark.

Ganz allmählich werden Sie erkennen, dass das ganze Leben aus Gegensätzen besteht. Auch Shiva ist da keine Ausnahme. Er ist ebenso das wilde Tier, wie er der mitfühlende, in sich ruhende Meditierende ist. Er ist der Gott der Gegensätze: Einerseits bildet er mit seiner Gattin Parvati und seinem Sohn Ganesha die »Heilige Familie«, andererseits erscheint er als großer Asket, der auf dem Berg Kailash in tiefste Meditation versunken ist. Verkörpert er für die einen die Zerstörung, sehen andere in ihm den allgegenwärtigen Gnädigen, der das schlechte Karma (siehe Seite 10) seiner Anhänger tilgt. Shiva ist einfach so widersprüchlich wie das Leben selbst. Und damit ist er das perfekte Symbol für den kosmischen Tanz des Lebens. Yoga lehrt Sie über den Weg ins Innere zurück ins Leben zu finden – in ein intensiveres, wilderes und lebendigeres.

Zurück zu den Wurzeln

Die meisten modernen Menschen haben den Kontakt zu sich und der Umwelt verloren. Sie haben keine Wurzeln mehr. Yoga bietet eine wundervolle Methode, diesen Kontakt wiederherzustellen. Denn es lehrt Sie, mit sich und Ihrem Körper wieder ins Reine zu kommen. Doch um diesen Zustand zu erreichen, ist Ausdauer angesagt. Yoga ist keine schnelle Lösung. Eine echte und anhaltende Veränderung gelingt nur, wenn Sie auf lange Zeit dabei bleiben und über mehrere Jahre beständig üben. Keine Sorge, Ihre Hingabe wird belohnt werden: Schon nach ein paar Minuten werden Sie merken, dass sich etwas verändert. Und je länger Sie üben, desto besser geht es Ihnen – körperlich, geistig und seelisch.

Auch dieses Buch bietet keine schnellen Lösungen, keine Garantie. Sie erhalten mit ihm jedoch ein paar wertvolle Werkzeuge, um die Herausforderungen des Alltags erfolgreicher zu bewältigen.

Im Einklang mit der Natur

Es heißt, dass Yoga einst aus der Beobachtung der Natur entwickelt wurde. Indem wir beim Üben Tiere oder Naturformen nachahmen, haben wir die Möglichkeit, eine tiefere Verbindung zu unserer Umwelt einzugehen. Yoga lehrt uns, dass alles mit allem zusammenhängt. Denn nicht der Mensch ist das Maß aller Dinge, sondern die Gesamtheit der Natur. Das zu erkennen allerdings setzt voraus, dass wir den Eigenwert des Lebens und der Natur akzeptieren und zur Grundlage unseres Handelns machen. Aus diesem Grund haben Yogis Achtung vor der Gemeinschaft der Lebewesen, vor dem harmonischen Nebeneinander von Menschen, Tieren und Pflanzen. Sie tragen Sorge um den Erhalt des Planeten Erde – der Luft, die uns umgibt, des Wassers, das uns umspült und des Bodens, auf dem wir gehen. Wir alle brauchen saubere Luft, reines Trinkwasser, fruchtbaren Boden – und andere Lebewesen. Schließlich sind alle Mitgeschöpfe abhängig voneinander. Das Glück eines jeden hängt vom Wohlergehen des Ganzen ab.

Sie wollen etwas verändern? Beginnen Sie damit, Verantwortung für das zu übernehmen, was Sie tun. Wofür Sie sich auch entscheiden, wie Sie handeln oder was Sie nicht machen – alles zieht bestimmte Konsequenzen nach sich. Das ist das Gesetz des Karma. Das Gesetz von der Ursache und der Wirkung des Handelns.

info

_Karma

Jedes Handeln hat Konsequenzen – nicht in irgendeinem fernen zukünftigen Leben, sondern im Hier und Jetzt. So wie wir Samen säen, den Pflanzen beim Wachsen zusehen und später die Früchte ernten, ist es auch mit unseren Taten. Wie wir uns auch entscheiden: Wir erfahren unweigerlich die Auswirkungen unseres Handelns. Manchmal vergeht bis dahin eine gewisse Zeit, manchmal spüren wir die Folgen ganz unmittelbar. Was immer wir tun, enthält in sich bereits die Konsequenzen und Antworten.

Umwelt ist Mitwelt

Wir sind Leben, das leben will, inmitten von Leben, das leben will. Über viele Jahrhunderte hinweg war die Menschheit im Einklang mit der Natur. Doch der moderne Mensch entfremdet sich immer mehr von seinen Wurzeln: Wir verschwenden die Rohstoffe der Erde, verschmutzen unsere Umwelt und haben den Respekt vor unseren Mitgeschöpfen verloren. Doch wenn wir nicht für immer auf Kriegsfuß mit der Natur stehen wollen, müssen wir anfangen umzudenken. Wir müssen beginnen, uns um die Erde und das Leben auf ihr zu sorgen. Wir müssen Frieden finden.

Die Verantwortung tragen

Yoga kann unsere Beziehung zu Mutter Erde wieder heilen. Die Übungen helfen uns, Ehrfurcht vor dem Leben zu entwickeln. Wir nehmen durch sie die Verantwortung an, die uns für die Schöpfung gegeben wurde. So heilen wir durch Yoga erst uns selbst und dann den Planeten. Schließlich liegen alle Probleme unserer Gesellschaft in den Menschen selbst und nicht in der Natur. Wer sich innerlich entspannt, ist mit sich selbst im Reinen, versteht die natürlichen Wirkungsmechanismen der Welt und lebt mit ihnen im Einklang. Er beginnt zu verstehen, dass alles miteinander verbunden ist, dass nichts ohne das andere sein kann.

Yoga bietet dabei eine wundervolle Methode, uns zum verlorenen Wissen um Balance und natürliche Heilung zurückzuführen. Auch Sie können durch Yoga lernen, mit Ihren Gedanken, Ihrem Körper und der Umwelt, die wir alle teilen, wieder ins Reine zu kommen.

Demut vor dem Leben

Yogis stehen in der direkten Tradition Shivas. Der blauhäutige Hindugott hat viele Namen. Einer davon ist Pashupati: König und Beschützer der Tiere. Ein guter König erhält und beschützt. Er hat ein ausgeprägtes Umweltbewusstsein und ist ein verantwortungsvoller Naturschützer.

»Ohne Ehrfurcht vor dem Leben hat die Menschheit keine Zukunft.«

Albert Schweitzer

Es gibt eine wunderschöne Geschichte von König Arthur und dem Zauberer Merlin. Dem keltischem Mythos folgend unterweist Merlin den jungen Arthur, wie er ein guter Herrscher werden kann. Um seinen unerfahrenen Lehrling auf das schwere Amt vorzubereiten, verwandelt der Zauberer Arthur in die verschiedensten Erscheinungsformen der Natur: in andere Menschen, in Tiere, Pflanzen und Steine. Indem er sein Königreich aus verschiedenen Perspektiven erlebt, erfährt Arthur eine tiefe Verbundenheit mit allen Lebensformen. Diese lehrt ihn, mit Mitgefühl zu regieren.

Ebenso verhält es sich mit Yoga, bei dem Sie die Lebenskraft in allen Formen des Lebens erfahren. Während der so genannten Asanas nimmt unser Körper verschiedene Positionen ein. Mal sind wir ein Baum, mal ein Hund oder ein Berg. Durch diesen Wechsel können wir den Fluss unserer Lebenskraft beobachten und erfahren. Die Einsicht wächst, dass durch alle Erscheinungsformen der Existenz stets die gleiche Energie fließt und sie erhält. Während die Formen kommen und gehen, bleibt die Lebensenergie konstant. So nähern wir uns der Erfahrung der Einheit des Seins.

Yoga lehrt die Demut und Bescheidenheit gegenüber jeder Form des Lebens. Dadurch können wir unsere Grenzen erkennen und akzeptieren. Demut verträgt sich nicht mit maßlosem Fortschrittsglauben und stetem Streben nach Wachstum. Daher lebt ein Yogi genügsam, maßvoll und sparsam – ohne dabei auch nur einen Augenblick auf etwas verzichten zu müssen oder einen Mangel zu erleiden.

Die Lehren Patanjalis

Der große Yogaphilosoph und Weise Patanjali formulierte bereits vor über zweitausend Jahren 195 Ratschläge, wie wir zu uns finden können. Sie definieren Yoga als System für ein gesundes, bewusstes und rücksichtsvolles Leben. Übersetzt bedeutet Yoga »Einheit« und »Vereinigung« und Patanjali hält dazu ein Übungssystem bereit, das auf drei Ebenen wirkt:

- Leben in Harmonie mit der Umwelt,
- Entdeckung schlafender Fähigkeiten und
- Verwirklichung des wahren Selbst, der spirituellen Wesensnatur.

Pantanjali beschreibt dafür acht Disziplinen: »Yama« verkörpert das Verhalten gegenüber anderen. »Niyama« bezeichnet die Regeln im Umgang mit sich selbst. Die Körperhaltungen heißen »Asanas«. Sie sollen reinigend wirken, während die Atemkontrolle (»Pranayama«) und das Zurückziehen der Sinne (»Pratyahara«) die Konzentration (»Dharana«) steigern. Dies bereitet auf die Meditation (»Dhyana«) vor, deren Ziel schließlich »Samadhi« bildet: die Erkenntnis der Gesetze der Natur beziehungsweise die Vereinigung mit dem Göttlichen.

Auf den Punkt gebracht lehrt Pantanjali, dass Begeisterung, Selbsterkenntnis und Hingabe an das Leben die Schlüssel zu einem erfüllten und zufriedenen Dasein sind.

Schulung des Seins

Doch Patanjali ist Mystiker und Wissenschaftler in einem. Sein Hauptaugenmerk widmet er der Natur des Geistes. Nach streng wissenschaftlichen Methoden arbeitet er sich vom Grobstofflichen zum Feinstoff-

lichen vor. Nur wenn sich der Körper verändert, dann kann sich auch die Atmung ändern. Und nur wenn diese sich vertieft, können sich die Gedanken erneuern. Erst dann können wir wachsen.
Patanjali sagt, wer ein paar Stunden ruhig dasitzt, ohne sich zu bewegen, in dem wächst die Fähigkeit zu sein. Er befasst sich deshalb weniger mit einer körperlichen Schulung, sondern mit der inneren Schulung des Seins. Er fordert eine Revolution des Verstandes. Patanjali hilft uns, eine Situation herzustellen, in der Liebe wachsen kann. Wenn wir ihm folgen, werden wir vieles in unserem Inneren aufblühen sehen, das vorher unvorstellbar war, das uns nicht einmal im Traum eingefallen wäre.

Furchtlos und frei

Lernen auch Sie zu genießen, was Sie haben, anstatt zu begehren, was Ihnen fehlt. Beginnen Sie Güte und Großzügigkeit zu leben, anstatt Engstirnigkeit und Rechthaberei. Finden Sie Ihre Freude im Herzen, statt ruhelos nach Vergnügen und Nervenkitzel im Außen zu suchen. Yoga nach Patanjali lehrt die Ehrfurcht vor dem Leben, statt das Leben gering zu schätzen. Sie beginnen, sich am Leben zu freuen und es nicht mehr nur auszuhalten. Sich selbst und die anderen zu respektieren. Sie verbinden sich erst mit Ihrer Seele und dann mit allen anderen. Ganz von allein werden Sie erkennen, dass das Leben größer ist als jeder Einzelne von uns. Sie werden furchtlos und frei durchs Leben gehen und keine Angst mehr haben, dass Ihnen etwas zustoßen könnte. Sie finden zu sich selbst und spüren die Geborgenheit im Sein. Sie fürchten sich nicht mehr vor der Einsamkeit.

Was ist Wahrheit?

Immer mehr Menschen erkennen die jahrtausendealten Wahrheiten. Doch wie es nun mal so ist mit der Wahrheit, muss jeder für sich selbst erkennen, wann er sie gefunden hat. Sie kommt oft unerwartet. Doch in unserem tiefsten Inneren spüren wir, wenn etwas richtig ist. Und nur wenn wir von Herzen überzeugt sind, können wir daran arbeiten, unsere Wahrheit mit anderen zu teilen und sie mit Herz und Tat zu leben. Dann können wir Berge versetzen.

Wir sind nicht allein

Es ist dringend notwendig, dass jeder Mensch die Verantwortung für seine Entscheidungen und sein Handeln wahrnimmt. Denn nicht nur unsere Zukunft steht auf dem Spiel, sondern die des ganzen Planeten. Es ist dazu nötig, über die Grenzen des gewöhnlichen Denkens hinauszugehen und die Welt mit neuen Augen zu betrachten. Ziel des Yoga ist es, zu erkennen, dass es nicht uns oder die anderen gibt, sondern wir alle in einem Boot sitzen.

»Wer die Welt verbessern will, kann gleich bei sich selbst anfangen. Werdet selbst zu der positiven Veränderung, die ihr in der Welt sehen möchtet.«

Mahatma Gandhi

Du bist, was du isst

Yogis tragen nicht nur Verantwortung gegenüber anderen Menschen und der Gesellschaft, sondern gegenüber allen Lebewesen, ja unserem ganzen Planeten. Das hat auch eine Auswirkung auf die Auswahl ihrer Nahrungsmittel. Wenn alles miteinander verknüpft ist, hat jeder von uns die Möglichkeit, etwas zu verändern. Wenn wir bewusst leben, hören wir damit auf, neues Leid zu erzeugen und Leben zu zerstören. Das Gute daran: Sie müssen gar nicht viel tun. Sie brauchen sich nur Gedanken über Ihr eigenes Handeln zu machen. Indem Sie zum Beispiel Ihre Ernährung umstellen, leisten Sie bereits einen wichtigen Beitrag dafür, dass sich etwas ändert. Zum einen lassen sich durch eine bewusste Ernährung sehr schnell positive Veränderungen im Körper herbeiführen. Denn die richtige Nahrung hilft dabei, sich leicht, klar und stark zu fühlen. Zum anderen können Sie dabei helfen, die Natur wieder ins Gleichgewicht zu bringen.

Bewusst genießen

Die Ernährung eines Yogis hat nichts Aufgezwungenes. Deshalb gibt es auch keine Regeln, was Sie essen dürfen und was nicht. Sie müssen selbst herausfinden, was Ihnen gut tut. Dabei helfen jedoch ein paar einfache Grundsätze. Wenn Sie diese berücksichtigen, werden Ihnen die eigenen Bedürfnisse bald ebenso klar werden wie die Auswirkung der Ernährung auf Ihr Wohlbefinden.

› **Essen Sie reine, vollwertige Nahrung:** Mit Produkten aus biologischem Anbau versorgen Sie Ihren Körper mit allen wertvollen Nährstoffen. Gleichzeitig verschonen Sie ihn von Pestiziden und anderen schädlichen Giftstoffen, mit denen konventionell angebaute Lebensmittel häufig in großem Maße belastet sind. Außerdem leisten Sie durch den Kauf von Bioprodukten einen Beitrag zum ökologischen Gleichgewicht. Aus demselben Grund sollten Sie auch regionale Produkte denen vorziehen, die aus weit entfernten Ländern importiert werden müssen und beim Transport Unmengen an Energie verbrauchen.

› **Essen Sie entsprechend Ihrem Appetit:** Haben Sie Lust auf etwas Salziges, Süßes, Saures, auf etwas Warmes oder Kaltes? Hören Sie auf die Bedürfnisse Ihres Körpers, ehe Sie wahllos zugreifen. Sonst kann es passieren, dass Sie immer noch Appetit und Heißhunger verspüren, obwohl Sie eigentlich längst satt sind.

› **Essen Sie nicht mehr, als Sie verbrennen:** Damit der Körper in Balance bleibt, sollten Sie ihm nicht mehr Energie in Form von Kalorien zuführen, als er für seine Arbeit benötigt. Achten Sie deshalb auf ein ausgewogenes Verhältnis von Fett, Eiweiß und Kohlenhydraten in der täglichen Nahrung – auch indem Sie auf sich achten und den Wünschen Ihres Körpers folgen (siehe vorherigen Punkt).

› **Essen Sie langsam, dankbar und freudig:** Nehmen Sie sich für jede Mahlzeit ausreichend Ruhe und Zeit. Setzen Sie sich hin und konzentrieren Sie sich allein aufs Essen. Lassen Sie sich nicht durch Lesen oder Fernsehen ablenken. Kauen Sie gründlich und nehmen Sie ganz bewusst den Geschmack der Speisen wahr.

› **Essen Sie im Einklang mit der Natur:** Für viele Yogis gehört eine vegetarische Lebensform einfach dazu. Aus dem Grund-

Wer Verantwortung für die Natur übernehmen will, sollte darauf achten, woher kommt, was er isst.

Yogis versuchen, im Einklang mit der Natur zu leben. Der Verzicht auf Fleisch kann der erste Schritt dazu sein.

gedanken »Alles ist eins« folgt schließlich die Konsequenz, nichts und niemand töten und essen zu wollen. Und das Ziel eines Yogis ist es, in der Welt so wenig Schaden wie möglich anzurichten.
Darüber hinaus gibt es heute sehr viele ökologische und soziale Gründe, die für eine fleischlose Ernährung sprechen. Zahlreiche Studien zeigen außerdem, dass unsere Ernährung für einen Großteil unserer Krankheiten verantwortlich ist. Die Kombination aus Yoga und vegetarischer Ernährung dagegen führt sehr schnell zu einer Befreiung unserer Lebenskraft. Denn Vegetarier fügen Tieren und Erde den geringsten Schaden zu. Durch die fleischlose Ernährung unterhalten sie eine gute Beziehung zu Mutter Erde – eine Beziehung, die auf Stabilität und Harmonie beruht.

Schritt für Schritt ans Ziel

Auch wenn Sie jetzt am liebsten sofort alles verändern wollen: Überstürzen Sie nichts. Hören Sie auf Ihren Körper, seine Bedürfnisse und Gelüste, anstatt sich den Gedanken anderer zu unterwerfen. Vielleicht ist es ja der erste Schritt, damit zu beginnen, allen Lebewesen mitfühlend und rücksichtsvoll entgegenzutreten. Schon damit erzeugen Sie eine Atmosphäre der Harmonie in sich und um sich. Und diese greift automatisch über in die Welt, die wir alle teilen. Versuchen Sie es und Ihr Leben wird glücklicher und erfüllter werden. Denken Sie einfach immer daran: Es macht einen Unterschied, was wir essen, wo wir einkaufen, ob wir Mitgefühl haben. Allein durch Ihr Verhalten regen Sie andere zum Nachdenken an und setzen Zeichen.

Befreie dich selbst

Der Trend scheint nach wie vor ungebrochen: Die Zahl der Yogastudios steigt und kaum ein Fitness-Center verzichtet mehr auf Yogastunden. Yoga ist einfach in aller Munde. Und das bestätigt all jene, die schon länger auf Jivamukti Yoga als ganzheitliches Training für Körper, Verstand und Seele schwören. Denn Jivamukti Yoga hat mit dem früheren Wollsocken-Image, das dem indischen Weg zum Ich lange anhaftete, absolut nichts mehr gemein. Es ist eine zeitgemäße Übungsmethode, abgestimmt auf den modernen Menschen von heute. Es zeigt einen Weg, wie wir in unserer hektischen Zeit unabhängig von äußeren Einflüssen Zufriedenheit und Souveränität finden können. Denn während viele Lehrende Yoga noch immer als eine Sammlung von Übungen verstehen, um Beweglichkeit und Kraft zu trainieren oder Gewicht zu verlieren, war es für Sharon Gannon und David Life, die Begründer der Jivamukti-Yoga-Methode, von Anfang an klar, dass das einzige Ziel von Yoga »mukti« sein kann: die Befreiung.

Ein Wundermittel ist Jivamukti Yoga vielleicht nicht – aber es kommt doch schon recht nah daran. Seit knapp zehn Jahren beobachten auch die Autoren dieses Buches, wie sehr Menschen vom regelmäßigen Yogaunterricht profitieren. Ihre Schüler verbindet dabei nichts mehr mit dem angestaubten Müsliflair, das Yoga noch bis vor gar nicht allzu langer Zeit anhaftete. Sie befinden sich im Einklang mit sich und der Welt, sind gelassen, heiter, freundlich, fit. Und dabei sind sie kein bisschen weltfremd.

Wie alles begann

New York Anfang der 80er-Jahre des vergangenen Jahrhunderts: In ihrem ersten Studio »Body Electric« – zunächst auf dem Broadway, später in Alphabet City – begannen Sharon Gannon und David Life die internationale Yogaszene zu revolutionieren. Inmitten der lebendigen New Yorker Tanz-, Musik- und Performanceszene entwickelten sie einen neuen urbanen Yogastil. Wäre ihre Arbeit Musik gewesen, man hätte sie wohl als Jazz oder Punk bezeichnet. Und genau das war es. Für die größte Aufregung aber sorgten die beiden, als sie ihrer Methode sogar einen eigenen Namen gaben: Jivamukti Yoga (jiva = Seele, mukti = Freisein). Das hatte es noch nicht gegeben. Kein westlicher Lehrer hatte es bisher gewagt, eine »eigene« Schule zu gründen. Die Yogaszene rieb sich die Augen und konnte nicht so recht glauben, was sie da zu sehen und hören bekam. Davon unbeirrt, inspiriert und unterstützt von ihren Lehrern Swami Nirmalananda, Krishna Pattabhi Jois und Brahmanada Saraswati, begründeten Sharon und David 1984 die Jivamukti-Yoga-Methode.

Die spirituelle Idee

Jivamukti Yoga integriert die körperlichen, psychologischen und spirituellen Aspekte des Yoga zu einer kraftvollen und fordernden Hatha-Yoga-Übungseinheit für moderne Großstädter. Dieses Übungssystem ist gekennzeichnet durch herausforderndes Üben sowie eine intensive Auseinandersetzung mit den geistigen Aspekten des Yoga. Neben dem Hatha Yoga in seiner mystischen Ausprägung bilden fünf Pfeiler das stützende Gerüst für das Üben:

- das aufmerksame Studium der traditionellen Texte des Yoga,
- eine tiefe Hingabe an das Leben beziehungsweise an Gott (Bhakti),
- gelebte Gewaltlosigkeit in Form von Umweltbewusstsein und politischem Aktivismus (Ahimsa),
- genaues Zuhören und Singen (Nada) sowie
- verschiedene Methoden, den Verstand zu beruhigen und sich selbst zu beobachten (Meditation).

Die Schriften der Yogis

Nehmen Sie sich die Zeit, die Grundlagen des Yoga selbst zu studieren. Lesen Sie die Yoga-Sutren des Patanjali oder die Hatha-Yoga-Pradipika. Dadurch lernen Sie nicht nur die ethischen Grundsätze eines yogischen Lebensstils kennen. Es ist auch hilfreich, von Menschen zu lesen (und zu lernen), die den Weg vor Ihnen beschritten haben und deren Leben als Modell für die eigene spirituelle Entwicklung dienen kann.

Die Kunst der Hingabe

Jede spirituelle Praxis ist von Hingabe (Bhakti) geprägt. Bhakti bedeutet anzuerkennen, dass es etwas gibt, das größer und wichtiger ist als wir selbst. Eine besondere Form reiner Intelligenz, die uns alle miteinander verbindet. Wir alle sind Teil dieser Intelligenz. Sie ist nichts, was wir im Außen suchen müssen. Alles ist schon da – in uns. Sobald wir diese Erkenntnis verinnerlicht

Wir sind alle Teil eines großen Ganzen. Die Zeit, die wir in der Natur verbringen, macht uns dies gegenwärtig.

Meditation hilft Ihnen dabei, Kontakt zu Ihrem Innersten aufzunehmen und sich dem Leben hinzugeben.

haben, entwickeln sich Mitgefühl, Wärme, Ruhe, Klarheit, Weisheit oder Ehrfurcht vor dem Leben ganz von allein. Und diese sind die wirksamsten Instrumente, den Verstand zu reinigen und die Seele zu befreien. Durch Mitgefühl sehen wir uns selbst in den anderen und hören deshalb auf, sie zu verletzen. Doch um dieses Mitgefühl zu entwickeln, müssen wir zunächst unser Handeln hinterfragen. Was motiviert mich? Werde ich von selbstbezogenen Gedanken geleitet (nach dem Motto »Was springt dabei für mich raus?«) oder von selbstlosen (»Was kann ich tun?«)?

Das Mitgefühl für andere ist darüber hinaus ein bedeutender Bestandteil von Ahimsa. Denn echte Gewaltlosigkeit umfasst nicht nur unser Handeln, sondern auch das Denken.

Gelebte Gewaltlosigkeit

Friede mit sich selbst und allen anderen Lebewesen und Seinsformen unserer Welt ist eines der wichtigsten Prinzipien des Yoga. Diese Gewaltlosigkeit (Ahimsa) beinhaltet die Auseinandersetzung mit Menschenrechts-, Tierrechts- und Umweltfragen ebenso wie sozialen und politischen Aktivismus oder eine bewusste Ernährung (siehe auch Seite 14 f.).

Nada Yoga und Meditation

Der Yoga des Klangs, des genauen Hinhörens, das ist Nada Yoga. Wenn Sie beim Üben inspirierende Musik hören oder zu Gott singen, öffnen sich Brustkorb und Herz. Gleichzeitig können Sie aber auch lernen, ganz ruhig zu werden, um wirklich tief in sich lauschen zu können. Die Stille ist die Grundvoraussetzung, mit unserer Essenz in Verbindung zu treten und empfindsam zu werden für den inneren Klang. Für OM. Für Gott als einen Teil in uns. Nur wenn wir innehalten und ganz leise sind, können wir beginnen, unsere eigenen Gedanken zu beobachten. Erst dann können wir erfahren, dass wir mehr sind als Körper und Gedanken. Wir hören auf, uns mit unseren Gedanken zu identifizieren, und schaffen jene intime Nähe zum Selbst, die heilt. Indem wir meditieren, geben wir uns dem Moment hin, dem Leben selbst. Zu leben, das bedeutet ja, sich in der Gegenwart zu bewegen. Durch Meditation lösen wir uns von überholten Gedanken. Wir bleiben still und ruhig sitzen und erlauben den Gedanken, frei zu fließen, anstatt wie sonst auf sie zu reagieren. Dadurch erleben wir, wie sich das Leben auch ohne unser Zutun entfaltet. Wir erleben den gegenwärtigen Augenblick frei vom Druck, den Gedanken zu folgen und uns mit ihnen zu identifizieren. Wir finden unsere wahre Natur: Glück und Frieden.

Dem Leben zu dienen und sich selbst dadurch immer näher zu kommen, ist der wahre Grund Yoga zu üben. Meditation hilft, uns selbst zu erkennen. Sitzen Sie also einfach einmal zehn Minuten still da und konzentrieren Sie sich auf den Atem und die Empfindungen im Körper. Ein positiver Effekt: Indem Sie Kontakt zu Ihrem eigenen Körper aufnehmen, tragen Sie enorm viel dazu bei, sich zu entspannen.

Und was passiert mit dem Körper?

Neben dem Spirituellen spielt beim Jivamukti Yoga auch die physische Seite eine entscheidende Rolle. Denn egal wie fit Sie sind: Mit Engagement, Geduld und Beharrlichkeit werden Sie nicht nur Gewicht verlieren und Ihre Muskulatur formen, sondern auch Stärke und Energie entwickeln. Jivamukti Yoga eröffnet einen ganz neuen Weg zu körperlicher und mentaler Frische. Denn im Yoga dient der Körper als Tor zum Bewusstsein. Indem Sie sich um Ihren Körper kümmern und ihn immer besser kennen lernen, entwickeln Sie eine tiefe Beziehung zu ihm. Vergessen Sie jedoch nie, dass Ihr Körper eine Einheit bildet mit Ihrem Bewusstsein. Er ist das Haus, in dem dieses wohnt. Je besser der Zustand des Körpers ist, desto besser kann das Bewusstsein wachsen. In unserer fitnessbetonten Gesellschaft vergessen viele Menschen diese Einheit. Sie tun zwar eine

info

_Spiritualität

Yoga ist keine Religion. Es ist gelebte Spiritualität, bei der Sie sich aus der Mitte, dem Zentrum heraus entwickeln. Ein spiritueller Mensch muss keiner Konfession angehören, er unterliegt keinen Glaubenssätzen. Es gibt viele unterschiedliche Religionen, aber nur eine Spiritualität. Sie ist die Technik der inneren Verwandlung, die uns mit der Zeit immer wacher und bewusster werden lässt. Dadurch erhält unser Handeln eine neue Qualität, eine neue Schönheit – aus unserem eigenen Inneren heraus.

Menge für ihren Körper, sehen aber nicht, dass er nur eine Hülle ist. Natürlich: Je besser Sie sich in dieser auskennen, desto wohler fühlen Sie sich. Und nur wenn Sie ein entspanntes Verhältnis zu Ihrem Körper haben, können Sie wachsen.

»Man kann uns seelisch verletzen und körperlich angreifen, aber unsere Freiheit kann uns niemand nehmen.«

Osho

Denken Sie aber stets daran, dass der Körper auch das Sprungbrett zu Ihrem Inneren ist. Nutzen Sie ihn, um den verborgenen Schatz zu entdecken. Ehren Sie ihn, kümmern Sie sich um ihn, er trägt den göttlichen Funken, die Lebenskraft in sich.

Spüre das Glück

Jede Yogapraxis verändert den Stoffwechsel der Psyche und verbessert dadurch die Stimmung. So belohnt Sie Ihr Körper sofort mit Wohlgefühl, wenn Sie ihn aktiv betätigen. Eine weitere Folge der chemischen Vorgänge im Körper: Probleme, die vorher kaum zu bewältigen schienen, sehen Sie nun ganz klar. Und dadurch schaffen Sie die Grundlage, zur mystischen Einsicht zu gelangen und jene Fähigkeiten zu entwickeln, die Sie zur tiefen Versenkung bevollmächtigen.

In kleinen Dosen, dafür aber täglich angewandt, wirkt Yoga am besten. Halten Sie sich dabei an das ganze Spektrum: von den gymnastischen Körperübungen bis zur Meditation. Beschränken Sie Yoga aber nicht nur auf Ihre Übungsstunden, sondern integrieren Sie die dabei gewonnenen Erkenntnisse ins tägliche Leben. So werden Sie bewusster.

In aller Deutlichkeit: Yoga ist keine asiatische Heilgymnastik, kein Gesundheits- oder Anti-Aging-Programm und schon gar kein modischer Wellness-Trend. Yoga ist vielmehr eine Lebenseinstellung, die Sie rundum glücklich machen kann. Yoga ist ein Komplettpaket. Es spielt nicht nur auf der Matte eine Rolle, sondern überall im Leben. Jivamukti Yoga nimmt Sie mit auf eine mystische Reise. Das Ziel ist weder ein gelenkiger Körper noch ein klarer Verstand, auch wenn Sie unweigerlich immer beweglicher werden und der Geist ruhiger wird. Nein, das Ziel des Jivamukti Yoga ist Erleuchtung – ein Zustand, der die gesamte Lebenskraft befreit. Jeder kann daran arbeiten, sich seelisch weiterzuentwickeln. Jeder kann sein menschliches Potenzial entfalten, das so oft schon im Kindesalter verdeckt wird. All dies geschieht nicht, um besser zu werden. Wir sind ja bereits alle vollkommen. Und genau darum geht es: dies zu erkennen.

Erkenne dich selbst

Jivamukti Yoga führt zur Befreiung im Hier und Jetzt. Und genau das bedeutet Jivamukti in unserer Sprache: befreite Seele. Das mag in der Theorie recht abgehoben klingen und für viele einem Zustand ähneln, den allemal ein vergeistigter Mönch im fernen Osten erreichen kann. In der Praxis aber wird diese Befreiung sehr schnell zum fühlbaren Erlebnis. Jivamukti Yoga bietet somit den idealen Pfad, persönlich zu wachsen. Er zeigt, wie wir dauerhaft glücklich und wirklich zufrieden sein können. Jivamukti Yoga ist eine Form der spirituellen Praxis, ein Weg zur Selbsterkenntnis. Er führt zu Freiheit und Souveränität – heute und jetzt, in diesem Leben. Er verrät uns, wie wir auch im tosenden Lärm und in der Hektik des 21. Jahrhunderts im Einklang mit der Natur ein erfülltes und glückliches Leben führen können.

Jivamukti Yoga ist viel mehr als eine neue Methode zur Gesundheitsvorsorge oder Stressbewältigung. Yogi zu sein, ist eine Lebenshaltung. Sicherlich wird es Ihnen auch körperlich deutlich besser gehen, wenn Sie ein- oder zweimal in der Woche Yoga praktizieren. Und es ist auch nichts dagegen einzuwenden, Yoga als reines Fitnessprogramm zu betreiben. Ein Yogi sind Sie deshalb aber noch lange nicht.

Sharon Gannon und David Life haben traditionelle Praktiken aus dem Yoga zu einem modernen Lebensstil verdichtet, ohne dabei das universelle Ziel spiritueller Praxis aus den Augen zu verlieren: Erleuchtung und Befreiung. Ihre Vision von Freiheit ist die Bereitschaft, dem Leben mit all seinen Unsicherheiten und Schönheiten bewusst und mit offenem Herzen zu begegnen. Yoga beschreibt Freiheit als die höchste Erfahrung im Leben. Nur aus echter Freiheit können so wunderschöne Dinge erblühen wie Liebe, Mitgefühl oder Gewaltlosigkeit. Alles, was wertvoll ist im Leben, enstpringt dem Zustand des Freiseins.

Auf dem Weg zur Freiheit müssen wir aufpassen, diese nicht mit Unabhängigkeit zu verwechseln. Diese können wir immer nur von etwas oder jemandem erreichen. Gemeint ist auch nicht die »Freiheit«, ausschließlich die Dinge zu tun, die Sie gerade tun möchten. Dabei würden Sie nur von Ihren Vorlieben und Abneigungen getrieben werden, nicht von Ihrem inneren Selbst. Verwechseln Sie also nicht die Freiheit des Egos mit der Befreiung von der Ichsucht. Das eine will immer mehr, das andere immer weniger. Das eine macht Krieg, das andere will Frieden. Das eine will kämpfen, das andere darf lieben. Die Freiheit des Jivamukti Yoga führt dazu, sich im Schoß der Existenz zu entspannen – in vollkommener Stille, Heiterkeit, Schönheit und Einheit mit allen Mitwesen. Das Ziel ist Samadhi: Erleuchtung.

info

_Jivanmukta

Ein völlig freier Mensch (in Sanskrit »jivanmukta«) lebt in der Welt, ohne in ihr verhaftet zu sein. Er ist sich zwar bewusst, dass er einen Körper und einen Geist hat, weiß aber, dass er mehr als diese ist: ein spirituelles Wesen. Ein atmendes, lebendiges Wesen, das über seine Lebendigkeit mit der gesamten Existenz verbunden ist. Je freier Sie sind, desto mehr verstehen Sie das Spiel um sich herum und sehen, was Ihre Seele bisher am Wachsen gehindert hat. Sie durchschauen das Weltentheater und entziehen sich ihm ohne Bitterkeit, ohne Narben. Egal, ob Sie in diesem Zustand weiter in der Welt leben oder sich zurückziehen, auf jeden Fall spielen Sie nur noch dann mit, wenn Sie es selbst wollen.

Frei sein

Man kann uns seelisch verletzen und körperlich angreifen. Doch niemand anderer kann uns unsere Freiheit nehmen – es sei denn, wir wünschen uns, abhängig zu sein. Es ist unser Entschluss, die Verantwortung für das Leben aus unseren eigenen Händen in die anderer zu übergeben. Sobald wir uns dies eingestehen, haben wir den Schlüssel für die innere Verwandlung gefunden. Nur wer bereit ist, selbst die Verantwortung für sich zu übernehmen, kann sich befreien. Sicher, dieser Weg ist nicht immer ganz einfach. Doch sollten Sie die Freiheit mit all ihrem Leid und ihrer Freude leben – schließlich gehört beides zusammen: Ekstase ist nicht möglich ohne Leid, das Leben nicht ohne den Tod und die Freude nicht ohne Traurigkeit. So ist nun einmal die Natur der Dinge.

Die innere Revolution

Wirklich freie Menschen, wie wir sie in allen Weltreligionen wiederfinden, brauchen keine Regeln. Buddha (der Erwachte, Wissende, Bewusste, Vollendete) oder Christus (der Erleuchtete) zum Beispiel waren wach genug, niemandem Schaden zuzufügen. Liebe und Mitgefühl steuerten ihre Taten.

Doch die Realität sieht häufig anders aus. Aus Angst, das Dasein könnte wertlos sein, suchen viele die Sinnhaftigkeit in Äußerlichkeiten. Sie definieren sich durch ihre Arbeit, ihren Status, ihre Freunde oder ihren Besitz. Sie streben nach Höchstleistungen und verkrampfen und verspannen dabei immer mehr. Das innere Glück finden sie so nicht.

Freiheit von dieser Angst bietet allein die wahre Selbsterkenntnis. Nur wer am Grund seiner Seele ankommt, erfährt eine Erweiterung des Bewusstseins über die engen Grenzen des isolierten Ichs hinweg. Um wirklich frei zu werden, müssen Sie sich daher zuerst einmal wirklich bewusst werden. Denn Abhängigkeit wurzelt stets in der eigenen Unbewusstheit, sie kommt niemals von außen. Und deshalb kann Sie auch nichts und niemand dort draußen befreien.

Jivamukti Yoga ist eine Übungspraxis der inneren Revolution. Sie befreien damit den einzigen Gefangenen, den Sie wirklich retten können: sich selbst. Sie befreien sich aus dem kleinen, beengten Gefängnis des begrenzten Verstandes. Übernehmen Sie die Verantwortung für Ihr Leben und akzeptieren Sie sich so, wie Sie sind – nicht so, wie Sie irgendwann einmal sein wollen oder könnten. Lernen Sie, für sich selbst zu sorgen. Das führt zu Reife, Klarheit und innerer Stärke: Sie werden frei sein.

Die Kraft der Meditation

Alles, was Sie dazu brauchen, ist der Mut, der Realität ins Auge zu sehen. Dann wird Ihnen bewusst werden, was in Ihnen existiert und wirkt. Sie sehen, wer Sie wirklich sind: der Beobachter einer menschlichen Tragikomödie. Sie gewinnen Abstand und beobachten das Schauspiel aus einer gewissen Distanz. Sie beginnen, als freier Mensch in dieser Welt zu leben. Was nicht heißt, dass Sie nicht am Leben teilnehmen. Im Gegenteil: Sie tun es sogar besonders intensiv. Denn als Beobachter rennen Sie nicht vor dem Leben davon. Sie leben mittendrin – voller Leidenschaft, im Inneren aber ganz wach und bewusst. Sie wissen, dass Sie weder nur Körper sind noch nur Verstand. Sie sind reines Bewusstsein: Beobachter des Körpers und des Verstandes.

Dieses Wissen jedoch entsteht nur in der Stille, aus der Meditation. Wir machen uns keine Gedanken mehr darüber, was andere von uns halten und wie wir auf unsere Umwelt wirken. Im inneren Raum der Stille finden wir wirkliche Herzensruhe. Und wenn der Verstand beruhigt ist, wird es Zeit zu erkennen, dass wir längst dort angekommen sind, wohin wir mit aller Kraft streben. Das Wunder des Lebens pulsiert jeden Augenblick durch jede einzelne Zelle unseres Körpers. Dann ist die Zeit gekommen loszulassen. Das wird Ihnen helfen im Körper anzukommen, sich zu sensibilisieren und die Wahrnehmung für die Schönheit des Lebens zu schärfen. Dann werden Sie die Natur, die anderen Menschen und das Leben mit allen Sinnen genießen.

Das innere Strahlen

Befinden wir uns in der Nähe eines Erleuchteten, so sind dessen Freude und Güte im höchsten Maße ansteckend. »Wenn dein Herz erst einmal offen ist, dann bist du nicht mehr ganz dicht«, so hat es der Münchner Psychologe und Hypnosetherapeut Dr. Günther Bayer einmal formuliert. Wir quellen über vor Glück. Wir sind eins geworden mit der Ganzheit und erkennen, dass das Ganze jeden einzelnen von uns braucht. Schließlich sind wir alle ein Ausdruck dieser Essenz. Jeder Mensch ist ein erfüllendes Wesen, in sich vollkommen und liebenswert.

Menschen, die sich im erleuchteten Zustand des Eins-Seins befinden, spüren die Vollkommenheit des Seins. Sie wissen, sie müssen nichts tun, um die Wirklichkeit zu verbessern – es sei denn, ihr Körper wird von der höchsten Intelligenz als Werkzeug benutzt, um durch sie etwas zu verändern.

»Wir Yogis sind keine normalen Leute. Uns geht es nicht darum, Recht zu haben, sondern frei zu sein.«

Sharon Gannon

Die Grundlagen des Jivamukti Yoga

Körper und Geist leben nicht getrennt, sondern mit- und füreinander. Wir können uns deshalb nur erfahren, wenn wir sowohl die geistige als auch die körperliche Ebene stabilisieren und harmonisieren. Dann aber wachsen wir über uns selbst hinaus.

Die Jivamukti-Basics

Der Sinn des Yoga ist es, dabei zu helfen, fröhlich, gesund und offen zu sein. Was immer Sie in Ihrem Leben machen: Betrügen Sie sich nicht selbst durch Ehrgeiz und Eile. Es gibt keinen Maßstab für Richtig und Falsch, es gibt keine Gewinner. Was zählt, ist allein die Freude des Lebens, die in der Übungspraxis ihre Entsprechung findet. So schwer es auch fällt, uns ehrlich zu betrachten, eines lässt sich einfach nicht leugnen: Wir sind alle mal mehr oder weniger faul. Und meistens sind wir es gerade dann am allermeisten, wenn wir es eigentlich am wenigsten brauchen können. Und gegen die Faulheit gibt es nur ein einziges wirksames Mittel: Disziplin.

Auch Yoga braucht Disziplin. Ja, beide gehen sogar Hand in Hand. Doch jeder Mensch hat auch seine ganz persönliche »faule Seite«. Und deshalb gibt es kein Patentrezept, wie sich Disziplin lernen lässt. Jeder muss den Weg dazu selbst entdecken. Doch Vorsicht, verwechseln Sie nicht Disziplin und Ehrgeiz. Denn dieses Streben hat im Yoga nur einen Namen: Ichsucht.

Disziplin bedeutet die Fähigkeit, zu hinterfragen, zu handeln und loszulassen. Es ist also nicht das Ziel, ein großer Yogi zu sein, sondern bewusst zu leben. Und dazu gehört nun einmal ein gewisses Maß an Selbstkontrolle. Ohne sie treibt uns die Ichsucht zum Ehrgeiz oder zur Trägheit – und deren Preis ist Leid. Aber lassen Sie es langsam angehen. Verlangen Sie gerade am Anfang nicht zu viel von sich, lieber sogar ein bisschen weniger, als Sie meinen geben zu können. Sie üben ja nicht, weil Sie vor etwas davonlaufen wollen, oder?

Der Alltag fordert uns. Und wir treten dem Stress nur allzu gern mit falschem Ehrgeiz entgegen.

Yoga hilft, wie ein Lotus aus dem schlammigen Boden zu wachsen und zum vollen Potenzial zu erblühen.

Dem Glück gewidmet

In jedem Leben gibt es Freude nur im Augenblick – im Jetzt. Beginnen Sie deshalb jede Übungseinheit, indem Sie eine höhere Intention fassen. Egal welcher Nutzen aus der Yogastunde gezogen werden soll: Widmen Sie sie dem Glück und dem Wohlergehen aller. Schicken Sie dem Atem als treuen Begleiter ein Gebet (beispielsweise ein »Vater Unser«), ein Mantra (wie OM) oder ein Gefühl (etwa Liebe). Sie können ihm auch eine Frage stellen (»Wer bin ich?«). Was immer Sie wollen – atmen Sie es ein und aus in Ihrem eigenem Rhythmus. Indem Sie ernsthaft und regelmäßig üben und sich dabei zwischendurch immer wieder an diese Intention erinnern, werden Sie früher oder später frei sein von tief verwurzelten Ängsten und selbstsüchtigen Neigungen. Dann nähern Sie sich dem Zustand des Yoga, dem Zustand des jivanmukta, der befreit von Selbsttäuschung die Einheit allen Seins erkennt. Er lebt in seinem Körper, liebt seinen Körper und kümmert sich um ihn. Aber er ist nicht der Körper. Der jivanmukta weiß von der Essenz des Menschen. Er weiß, dass es etwas in ihm gibt, das ewig ist und das die Zeit nicht zerstören kann. Er jagt dem Glück nicht mehr hinterher, denn er ist sich sicher: Das Leben bietet uns Millionen von guten Gelegenheiten, wir müssen lediglich lernen, sie zuzulassen.

Die Kraft des Atems

Leben und Atem sind eng miteinander verknüpft. Hören wir auf zu atmen, sterben wir nach wenigen Minuten. Normalerweise ist das Atmen unserer bewussten Kontrolle entzogen, es funktioniert ohne unser Zutun. Dabei variiert jeder Atemzug in Tiefe und Dauer – je nachdem wie intensiv wir uns gerade körperlich oder mental anstrengen. Jede Atembewegung durchdringt als wellenartige Bewegung den ganzen Körper. Beim Einatmen wird das Blut mit Sauerstoff angereichert, den es über die Arterien zu jeder einzelnen Zelle unseres Organismus befördert. Beim Ausatmen entsorgt der Körper das durch die Verbrennung entstandene »Abgas« Kohlendioxid. Das Zusammenspiel von Atemimpuls (also dass wir atmen) und Atemmuskulatur (also dem Rhythmus des Zwerchfells) wird beeinflusst durch die Körperhaltung, die Muskelspannung und die Durchlässigkeit (also den Atem frei fließen zu lassen). So wie Bewegung ein Grundkriterium für Leben ist, so ist die Atembewegung eine Voraussetzung für die Atmung. Mit wachsender Durchlässigkeit für die Atembewegung entwickeln sich Lebensfreude, Wohlbefinden und Gelassenheit.

Spiegel der Befindlichkeit

Es gibt keine Körperfunktion, die empfindlicher und unmittelbarer auf psycho-physische Veränderungen reagiert als die Atmung. Uns bleibt der Atem weg, wenn wir erschrecken. In atemloser Spannung verfolgen wir die Nachrichten oder die Sportschau, und wenn wir uns aufregen, erhalten wir nur zu oft den Rat »Halt mal die Luft an« oder »Atme erst einmal tief durch«.
Der Atem ist also weit mehr als nur ein Stoffwechselprozess, der unsere Zellen mit Sauerstoff versorgt. Er ist auch ein feiner Indikator für physische und psychische Veränderungen. Er reagiert auf jede Bewegung, jede Berührung, jeden Gedanken, jedes Gefühl. Der Atem ist Ausdruck aller seelischen und geistigen Vorgänge. Ausdruck der Gesamtbefindlichkeit. Verspannungen, Fehlhaltungen und seelische Konflikte verflachen und beengen den Atem. Eine gute Körperhaltung und inneres Wohlbefinden befreien ihn.
Der Atem ist also ein Spiegel der körperlichen und seelischen Verfassung. Wird er bewusst erlebt und erfahren, kann er helfen, die Selbstheilungskräfte zu wecken, die in jedem von uns schlummern.

Kleine Atemübung

Mit der folgenden Atemtechnik schulen Sie Ihr Bewusstsein und entwickeln die Fähigkeit, über längere Zeit still zu sitzen.

Den Atem kommen und gehen lassen

Schließen Sie die Augen und beginnen Sie den Atem zu beobachten. Spüren Sie, wie die Luft durch die Nasenlöcher strömt. Folgen Sie dem Atem bis in den Bauch. Erst wenn sie dort angekommen ist, ist die Einatmung vollendet. Nach einer kurzen Pause beginnt dann das Ausatmen. Versuchen Sie, diesen winzigen Moment wahr-

Ist der Atem befreit, erfüllt er uns gleich den Wellen der Meeresbrandung mit Energie. Mal dringt er sanft und säuselnd in uns, dann wieder stürmisch und voller Wucht. Immer aber schenkt er uns Kraft und Lebensfreude.

zunehmen, er ist ungeheuer wertvoll. Folgen Sie dann dem Atem wieder nach oben. Ist das Ausatmen beendet, gibt es wieder eine kurze Pause. Achten Sie ganz genau darauf. Beobachten Sie für kurze Zeit das Kommen und Gehen Ihres Atems. Sein Tempo, seinen Rhythmus. Atmen Sie ganz natürlich, verändern Sie nichts. Beobachten Sie die Pausen.

Mit dem Atem zählen

Nach etwa zwei Minuten fangen Sie an zu zählen. Zählen Sie beim Ausatmen »eins«. Zählen Sie nur die Ausatmung, nicht aber die Einatmung. Zählen Sie bis zehn und fangen Sie dann wieder von vorn an. Vielleicht vergessen Sie einmal, den Atem zu beobachten. Dann kehren Sie einfach zu ihm zurück, beobachten ihn aufs Neue. Vielleicht vergessen Sie auch zu zählen oder zählen über die Zehn hinaus. Dann fangen Sie einfach wieder bei eins an.

Die Atempause spüren

Beobachten Sie Ihren Atem und ganz besonders die Atempausen. Die Erfahrung in der Pause – das sind Sie, das ist Ihr innerster Kern, ihr Sein. Probieren Sie es aus: Sitzen Sie einfach da und Sie werden merken, wie der Atem entspannter, harmonischer wird. Dann ist auch der Verstand weniger angespannt. Gedanken verflüchtigen sich wie Wolken, lassen mehr Raum, mehr Himmel erscheinen. Stille fließt durch Sie hindurch. Wenn Sie vollkommen ruhig sind, wächst in Ihnen die Fähigkeit, im Hier und Jetzt zu sein. Sie spüren, wie Wärme und Ruhe Ihr Herz überkommt.

Die Asanas

Vielleicht haben Sie schon einmal Yoga geübt. Ihren Körper beobachtet und gesehen, wie flexibel und kräftig er ist. Ihre Augen wurden klar und wach. Die Haut leuchtete. In der Tat scheint das Üben ein gutes Kräftigungsmittel für den Körper zu sein. Und was für den Körper gut ist, ist auch gut für den ganzen Menschen. Schließlich leben Körper und Geist nicht getrennt voneinander. So wie das Wasser nicht ohne den Strom existiert – schließlich ist das Wasser der Strom.

Schluss mit dem Stress

Machen wir uns nichts vor: Stress, Hektik und andere Belastungen machen uns den Alltag immer schwerer. Besteht das Leben irgendwann nur noch aus Arbeit und Aktivität, dann geht uns die Luft aus, wir fühlen uns ausgebrannt und leer. Doch wie wir auf Belastung reagieren, hängt auch davon ab, wie wir unsere Umgebung interpretieren. Es gibt nichts, das Stress verursacht. Stress entsteht nur durch die Art und Weise, wie wir die Dinge sehen. Erst wenn wir einen Menschen, eine Situation oder ein Ereignis als bedrohlich erleben, dann antwortet unser Körper mit Verspannungen und Missbehagen.

Die Wissenschaftler sind sich einig, dass Stress der Hauptauslöser für fast alle so genannten Zivilisationskrankheiten ist. Und das, obwohl er im Grunde einmal ein Schutzmechanismus war und die Menschen vor körperlicher Gefahr bewahren sollte. Für unsere urzeitlichen Vorfahren war Stress überlebenswichtig: Bei Gefahr traf ihr Körper Vorbereitungen zur Flucht oder zum Kampf. Das Hormon Adrenalin wurde ausgeschüttet, die Verdauung setzte vorübergehend aus und das Blut strömte verstärkt in die großen Muskelgruppen. Unsere Ahnen waren bereit auf die Bedrohung zu reagieren.

Heute jedoch werden wir kaum noch körperlich angegriffen. Dagegen lastet reichlich mentaler Druck auf uns. Wir werden von Geldsorgen geplagt, leiden unter Beziehungsproblemen oder haben Angst vor dem Urteil anderer. Weil unser Nervenzentrum jedoch nicht zwischen physischen und mentalen Gefahren unterscheiden kann, reagiert unser Körper auf diesen Druck, wie er es seit Jahrtausenden gewohnt ist. Doch während er sich noch immer darauf vorbereitet, zu kämpfen oder davonzulaufen, bewegen wir uns nicht von der Stelle. Die Anspannung wird nicht wieder abgebaut, der Stresspegel bleibt erhöht.

Yoga wirkt den negativen Kräften in uns entgegen. Indem es einen idealen Ausgleich schafft, hilft es uns zu einem ausgewogeneren Lebensstil. Die Übungen stärken den Körper, die Atemkraft und die Fähigkeit, den Herausforderungen des Lebens gelassen entgegenzutreten. Yoga zeigt uns, wie wir bewusster leben und verantwortungsvoller mit uns und anderen umgehen können.

Der anerkannte Yogalehrer Godfrey Devereux nennt dazu drei wirklich essenzielle Grundprinzipien für jede Form der yogischen Asanapraxis:

- Erde, was mit dem Boden verbunden werden muss,
- strecke, was du verlängern kannst und
- dehne, was du ausweiten kannst.

Bewegung bringt's

Um Erkrankungen des Herz-Kreislauf-Systems und des Stoffwechsels sowie Beschwerden am Halte- und Bewegungsapparat vorzubeugen, gibt es kein besseres Mittel als Bewegung. Damit der Körper der täglichen Beanspruchung gewachsen ist, braucht er ausreichend

- Koordinationsfähigkeit,
- Flexibilität,
- Kraft,
- Ausdauer und
- Schnelligkeit.

Bis auf die letztgenannte – die unter dem gesundheitlichem Aspekt ohnehin keine Rolle spielt – können Sie Ihrem Körper durch Yoga alles geben, was er braucht, um fit und gesund zu bleiben. Jeden Tag rund 20 Minuten Bewegung an der frischen Luft, dazu 40 Minuten Yogaübungen und etwa 10 Minuten bewusste Entspannung oder Meditation: Wenn Sie es schaffen, rund eine Stunde am Tag Ihrem Körper zu widmen, tun Sie schon eine ganze Menge für Ihr Wohlbefinden. Wenn Sie sich dazu noch bewusst ernähren, sind Sie auf dem besten Weg zu Ihrem wahren Selbst.

Die Lebenskraft stärken

Im Gegensatz zu den meisten Sportarten geht es im Yoga nicht in erster Linie darum, gut auszusehen, sondern sich gut zu fühlen. Neben bestimmten Körperhaltungen dienen dazu auch mentale Übungen. Doch Yoga ist nicht nur ein Weg nach innen. Wir rüsten uns damit auch für die Welt draußen. Durch Yoga erkennen wir täglich aufs Neue, wie das Wunder des Lebens in uns selbst wirkt. Dadurch entwickelt sich eine Verbundenheit mit dem Leben. Wir hören auf, ständig gegen Dinge anzukämpfen. Das Beste aber ist: Es sind keine speziellen Vorkenntnisse nötig und es spielt keine Rolle, wie fit Sie sind. Schon nach ein paar Minuten merken Sie, dass sich etwas verändert. Sie entspannen sich, der Körper wird besser mit Sauerstoff versorgt. Dadurch werden sogar Schmerzen gelindert – im besten Fall lassen sie ganz nach. Die Laune steigt und die Selbsterkenntnis wächst. Je länger Sie üben, desto besser geht es Ihnen – körperlich, geistig und seelisch.

Laufen, Walken und Radfahren stärken die Ausdauer auf sanfte Art.

Mehr Lebensqualität

Natürlich gibt es viele Gründe mit Yoga zu beginnen. Doch egal warum Sie anfangen, ob Sie beweglicher werden wollen, von einem knackigen Po träumen oder von Madonnas Armen: Früher oder später werden Sie selbstsicher. Sie definieren sich nicht mehr über Äußerlichkeiten und Statussymbole, sondern völlig unabhängig von der Gesellschaft. Stattdessen entwickeln Sie ein unerschütterliches Selbstvertrauen und wahre Selbstakzeptanz,

Toleranz für andere und ein Verantwortungsgefühl für die Welt, in der wir leben. Yoga ist daher viel mehr als eine Abfolge von Körperhaltungen. Es ist eine praktische Methode, unsere Lebensqualität in allen Bereichen entscheidend zu verbessern. Deshalb finden Sie in diesem Buch neben körperlichen Übungen auch Hinweise zu Atem- und Meditationstechniken (siehe Seite 130 ff.), Empfehlungen zur inneren Entgiftung (Seite 143 ff.) und zu einer bewussten Ernährung (Seite 14 f.). Yoga bietet Rat, was wir essen, wie wir schlafen, wie wir arbeiten und wie wir mit anderen Lebewesen umgehen können. Es zeigt uns einen Weg für ein erfülltes Leben.

Der Weg zur Wahrheit

Jede Art von Yoga hat ihre eigene Wahrheit, ist der eigenen Erfahrung entsprungen. Auch das vorliegende Buch spiegelt nur eine subjektive Meinung wieder. Absichtlich wurde vieles weggelassen, dafür aber einiges eingebaut, was Sie wahrscheinlich in keinem anderen Yogabuch finden werden. Bedenken auch Sie, dass nur Ihre eigene Erfahrung der Wahrheit Sie befreien wird.

Eine der Schönheiten des Jivamukti Yoga ist das Vinyasa Krama, die Kunst verschiedene Haltungen fließend miteinander zu verknüpfen. Auf dem beiliegenden Poster wurden daher alle Übungsfolgen ab Seite 54 zu einer kompletten Übungsstunde im Vinyasa-Stil verbunden. Die ausgewählten Asanas dieser Übungsfolgen kräftigen den Körper, verfeinern die Gefühle, fordern den Intellekt und befreien die Seele. Dabei wird der Verstand gereinigt. Der Schmutz des Avidya – ein Begriff für das Vergessen, wer wir wirklich sind – wird beseitigt.

Gleichzeitig wirken die Körperübungen wie eine Verjüngungskur von innen. Der ganze Körper wird gestrafft und mit Sauerstoff versorgt. Stoffwechsel, Hormonhaushalt, Kreislauf und Zellregeneration bessern sich. Die ersten Veränderungen werden Sie schon nach ein paar Minuten bemerken. Doch je länger Sie üben, desto besser geht es Ihnen. Sie werden entdecken, dass der Stress in dem Moment erlischt, in dem Sie sich mit allen anderen verbunden fühlen. Die beschriebenen Körperhaltungen bieten daher die Möglichkeit zur inneren und äußeren Freiheit zu finden.

Das Ziel dieses Buches ist es, Sie zu ermutigen, die beschriebenen Übungen selbst auszuprobieren und so den Pfad der Selbsterkenntnis zu beschreiten. Begeben Sie sich dazu am besten in die Hände eines erfahrenen Lehrers.

Die innere Reinigung

Freiheit braucht genug Platz, in dem die Seele zum Atmen kommt. In Ihrem Inneren muss daher erst einmal freier Raum geschaffen werden, damit das dort verborgene Licht Ihr Wesen ausfüllen kann. Dann beginnen Sie zu strahlen. Ihr ganzes Leben

»Lass dein Yoga nicht als Phantasie verblassen,
lass die Mutter Erde nicht im Stich.
Erlaube es deinem Yoga wirklich zu werden: Hier und Jetzt!«

Mark Whitwell

wird von Schönheit erfüllt, einer Schönheit, die von innen strahlt. Es ist die Schönheit Ihres Bewusstseins.
Nutzen Sie die Zeit des Übens, um Ihre Emotionen zu klären und den Weg der inneren Reinigung zu beschreiten. Asanas (Körperhaltungen), Pranayama (Atemkontrolle) und Meditation helfen Ihnen dabei, Körper und Geist zu reinigen. Begeben Sie sich im Einklang mit dem Grundprinzip des Lebens auf einen Weg zu völliger Freiheit: der Verbundenheit der gesamten Existenz. Lernen Sie Ihre Spiritualität zu erden, im Alltag zu verwurzeln und geben Sie dem Alltäglichen, Durchschnittlichen und Banalen seine Seele zurück.

Wie oft soll ich üben?

Es spielt für die positive Auswirkung des Jivamukti Yoga keine Rolle, wie fit Sie sind. Sie müssen nur ausreichend Engagement, Geduld und Beharrlichkeit mitbringen, damit sich Körper, Geist und Seele entwickeln können. Um mühelos zu üben, ist es jedoch wichtig, die nötige Kraft und Flexibilität zu erlangen. Versuchen Sie daher, sich mindestens viermal pro Woche den Yogaübungen zu widmen. Nur so wachsen Kraft und Beweglichkeit (und bleiben erhalten). Üben Sie andererseits aber nicht so oft, dass Ihnen die Lust vergeht und Yoga zur Last wird. Wenn Sie einige Zeit am Ball bleiben, fühlen Sie sich so viel besser, dass Sie von selbst so weitermachen – und das ist in der Regel auch genug. Macht Ihnen das Üben einmal keine Feude, dann lassen Sie es lieber ganz. Denn halbherzig und unkonzentriert ausgeführt bleibt Yoga wirkungslos. Nur wenn Sie mit allen Sinnen dabei sind, finden Sie Ihren Weg.

Im Fluss der Atmung

Wenn Sie einer einfachen Regel folgen, werden Sie viel üben können, ohne dabei müde zu werden: »Übe mit dem Atem, laufe ihm nicht davon.« Allerdings bedarf es wiederum einiger Übung, herauszufinden, was das heißt. Sie werden jedoch bald sehen, dass Sie der Tanz mit dem Atem nicht ermüdet, sondern Ihnen Kraft gibt. Die Elastizität und das Fassungsvermögen der Lunge vergrößern sich, die Nasengänge werden sauber geblasen. Haut und Augen sprühen vor Lebenskraft. Ihre Muskeln werden stärker, die Lunge wird weiter und der Blutkreislauf stabiler. Beim Einatmen nimmt der Körper mehr Sauerstoff auf und kann so jede Zelle besser damit versorgen. Beim Ausatmen kann der Organismus im Gegenzug dafür mehr Giftstoffe abgeben. Die kräftigende Bewegung der Bauchmuskeln aktiviert die Eingeweide und kurbelt so die Verdauuung an. Die Poren der Haut öffnen sich. Der Schweiß kann besser fließen, was wiederum die Reinigung des Körpers unterstützt.
Indem Sie im Rhythmus Ihres Atems üben, speichern Sie sehr viel Prana, was auf Sanskrit nicht nur Atem bedeutet, sondern auch Leben. Prana beschreibt die absolute Energie. Atmen ist nicht nur Sauerstoff. Es ist die eigentliche Essenz des Lebens, das göttliche Selbst. Wer den Atem einlädt, in dessen Leben wird sich auch Gott einfinden. Tatsächlich beginnt das gesamte Energiefeld eines Menschen zu vibrieren. Und das hat einen bedeutsamen Effekt auf die Kundalini Shakti – unser eingeschlafenes Bewusstsein. Sie wird sich erheben und ihren kraftvollen Weg nach oben antreten (siehe auch Seite 39).

Eine kurze Yoga-Anatomie

Da es genug Yogaratgeber über das Zusammenspiel von Knochen, Gelenken, Sehnen und Muskeln in den einzelnen Haltungen gibt, wird in diesem Buch bewusst darauf verzichtet. Denn Yoga sagt uns ja gerade, dass es mehr gibt als den physischen Körper, als das, was wir mit dem bloßen Auge sehen können. Sicher, wir können unseren physischen Körper direkt über unsere fünf Sinne wahrnehmen. Wie können ihn sehen, hören, riechen, schmecken und spüren. Aufgrund unseres materiell trainierten Denkens vergessen wir jedoch nur allzu gern, dass es mehr gibt, als das was wir sehen können: den energetischen Körper. Um diesen zu erleben müssen Sie nicht hellsichtig sein. Wenn Sie beginnen, in das Mysterium des energetischen Körpers einzutauchen, werden Sie unausweichlich eine außergewöhnliche Sensitivität für die feinstoffliche Ebene der Schöpfung entwickeln. Es eröffnen sich völlig neue Einsichten in die Zusammenhänge aller Erscheinungsformen und Sie erkennen das große, harmonische Ganze: Wir sind alle eins.

Leben ist Energie, ist Bewegung von Energie auf die verschiedenste Arten und in den verschiedensten Formen. Glaubt man den physikalischen Gesetzen, geht in diesem Universum Energie niemals verloren. Sie kann lediglich in eine andere Form umgewandelt werden. Auch unser Körper unterliegt diesem Gesetz. Wir nehmen Energie über die Nahrung und Atmung auf, speichern sie und wandeln sie in Lebenskraft um. Wir leben nicht nur mit unserer Umwelt, sondern auch von ihr.

Prana – das Leben

Die Lebenskraft, die allen Geschöpfen dieser Erde innewohnt und uns alle gleichermaßen durchströmt, wird im Yoga Prana genannt. Sie stellt die Urquelle aller Energieformen dar. Eine ihrer Erscheinungsformen ist der Atem, über den wir unseren Körper ununterbrochen mit Prana versorgen. Prana ist in allem was lebt, ohne Prana existiert nichts. Prana ist die Energie, die das ganze Universum erfüllt – jeden Mensch, jedes Tier, jede Pflanze.

Im menschlichen Körper fließt Prana als Energie in fünf spezifischen vitalen Luftströmen (Vayus): Udana, Prana, Vyana, Samana und Apana. Jedes dieser fünf Vayus hat im Körper eine genau bestimmte Lage und Funktion. Vereinfacht ausgedrückt tragen und unterstützen sie den gesamten Lebensprozess. Sie sind unter anderem verantwortlich für die Atmung, Verdauung und Ausscheidung, für die Fortpflanzung, für den Kreislauf und den Stoffwechsel sowie für die Kontrolle der Lebensenergie durch die körpereigenen Hormone und das Nervensystem.

Prana, das letztlich hinter der physischen Erscheinungsform jedes Körpers wirksam ist, wird durch ein hoch komplexes Energiesystem transportiert. Yoga unterscheidet dabei drei grundlegende Komponenten:

- die energetischen Körper oder Koshas,
- die Energiekanäle oder Nadis und
- die Energiezentren oder Chakren.

Die energetischen Körper

In den Upanisaden, einer Sammlung von philosophischen Schriften Indiens, beschreibt die Yogaphilosophie fünf verschiedene Körper, die den Menschen wie die Schalen einer Zwiebel umhüllen. Jeder dieser Körper gleicht einem Tanz von Energien. Diese schwingen umso höher, je weiter die persönliche Entwicklung eines Menschen fortschreitet. In den meisten Fällen lässt sich diese Energie zwar kaum spüren. Erhöht sich die Schwingungsfrequenz jedoch, so erfahren wir das sofort als ein Plus an Lebenskraft, Freude, Stille und tieferer Erkenntnis.

Haben die Schriften recht, so umschließen die fünf Energiekörper die Essenz, den Lebenskern (Atman) eines jeden Menschen. Den göttlichen Anteil in jedem von uns. Das Ziel jeder Yogapraxis ist es, die uns umhüllenden Körper so zu reinigen, dass die Essenz wieder durch sie scheinen kann. Der Weg zur persönlichen Befreiung führt also nicht über den Himmel nach oben, sondern offenbart sich als Weg nach innen.

»Alles verändert sich nur, nichts stirbt. Herüber, hinüber irrt der belebende Hauch, und in andere beliebige Glieder ziehet er ein und geht aus Tieren in menschliche Leiber und in Getier von uns und besteht so ewige Zeiten.«

Pythagoras

Alle Methoden, mit denen wir unsere Energie wecken können, helfen unser volles Potenzial zu verwirklichen. Wenn die Energie harmonisch fließt, fühlen wir das Glück in uns erwachen. Kämpft sie gegen uns, sind wir unglücklich. Yoga lehrt uns, dass alles Leiden auf einem Konflikt mit der persönlichen Energie beruht. Alles Glück, alle Seligkeit dagegen hat ihren Ursprung in der Harmonie der eigenen Energie. Um diese Energien zu harmonisieren, empfiehlt es sich, die fünf energetischen Körper ganz gezielt zu reinigen.

Wir brauchen ausreichend Schlaf, wollen wir mit uns selbst im Reinen sein.

Der Nahrungs-Körper (Annamaya-Kosha)

Der erste dieser Energiekörper, der so genannte Nahrungs-Körper, entspricht unserer äußeren, sicht- und fühlbaren Hülle, dem physischen Körper. Er besteht aus umgewandelter Nahrung und den Elementen Erde, Wasser, Feuer und Luft.
Sie können den Nahrungs-Körper besonders effektiv reinigen, indem Sie sich vegetarisch ernähren, sich regelmäßig der yogischen Reinigungspraxis widmen (Kriya, siehe auch Seite 145 ff.) und Yogaübungen (Asanas) ausführen.

Der Energie-Körper (Pranamaya-Kosha)

Der Energie-Körper setzt sich aus den Luftströmen (Vayus) zusammen, die den Fluss des Lebens in unserem physischen Körper bestimmen und unser Leben tragen. Sie reinigen den Energie-Körper durch Pranayama (Atemtechniken) und Kriya.

Der Emotional-Körper (Manomaya-Kosha)

Kein anderer Körper trägt in solch hohem Maße zu Ihrer Befindlichkeit bei wie der emotionale. In ihm sind Ihre innersten Gefühle verborgen – wie beispielsweise bewusste und unbewusste Ängste, Zweifel und Aggressionen. Gleichermaßen ist er aber auch der Sitz aller Erinnerungen, Vorstellungen und Wünsche.
Um den Emotional-Körper zu reinigen, empfehlen sich selbstloses Dienen (Karma Yoga), die Hingabe an Gott (Bhakti), Mantra-Rezitation und die Praxis der Yama und Niyama (der moralische Verhaltenskodex eines Yogis, siehe auch Seite 12).

Der Erkenntnis-Körper (Vijnanamaya-Kosha)

Der Erkenntnis-Körper wird geformt durch unseren Intellekt, unsere Gedanken und Ideen.
Wir reinigen ihn durch das Studium der Schriften und durch Meditation. Und auch Satsang – also in der Gesellschaft von Freunden oder Lehrern zu sein, die selbst auf der Suche sind – trägt zur Reinigung dieser Schicht bei.

Der Wonne-Körper (Anandamaya-Kosha)

Der letzte Körper entzieht sich der Logik und der Kontrolle des Geistes. Er kann deshalb nicht durch aktives Zutun, sondern nur durch die bewusste Erfahrung der Einheit des Seins (Samadhi) sowie durch die Erfahrung von Wonne während des Tiefschlafs berührt und gereinigt werden.

Nadis – die Energiekanäle

Das Wort Nadi stammt aus dem Sanskrit und bedeutet so viel wie Röhre, Gefäß oder hohler Stiel. Nadis sind Kanäle, die die feinstoffliche Energie durch das menschliche Energiesystem transportieren, um Prana, also die Lebenskraft, in alle Körperbereiche zu verteilen. Rund 72000 Nadis durchziehen dazu den Körper – von den Fußsohlen bis zur Schädeldecke.

Über die Chakren (Energiezentren, siehe Seite 40 ff.) sind die Nadis des physischen Körpers mit denen des energetischen verbunden. Die Chakren übernehmen dabei die Funktion von Schaltstellen im energetischen Kreislauf des Körpers. Sie dienen als Empfangsstationen, Transformatoren und Verteiler der Lebenskraft. Und stehen in einer sehr engen Wechselbeziehung zu den fünf menschlichen Energiekörpern (siehe linke Seite).

Die Kraft der Susuhmna

Durch eine gezielte Reinigung kann die Funktion der Chakren enorm verbessert werden. Dabei bestimmen Größe und Schwingungsfrequenz die Menge und Qualität der Energien, die aufgenommen und in den energetischen Körpern verteilt werden. Die wichtigsten Energieformen werden dabei über das Wurzel- und das Scheitelzentrum aufgenommen. Zwischen diesen beiden verläuft Sushumna, die alle Energiezentren mit Lebenskraft versorgt.

Die Kraft, die durch Susuhmna fließt, trägt den Namen Kundalini. Sie repräsentiert die kosmische Schöpfungsenergie (Shakti). Bei den meisten Menschen fließt die Kundalini-Kraft nur schwach durch die Sushumna. Mit wachsender Bewusstseinsentwicklung steigt sie jedoch zu einem reißenden Strom durch den Wirbelkanal. Auf ihrem Weg aktiviert und heilt sie die einzelnen Energiezentren. Somit steht die Entwicklung unseres Bewusstseins in direktem Zusammenhang mit der energetischen Frequenz, mit der die Lebenskraft in unserem Körper schwingt.

Lass die Energie fließen

Sind die Nadis verstopft, kann Prana nicht frei fließen. Jede Blockade aber zieht Unwohlsein und Krankheiten nach sich. Deshalb gilt es, die verstopften Prana-Kanäle der Nadis zu reinigen. Dies geschieht durch die Schulung des Körpers mittels Asana, Kriya, Mudra (eine Körperhaltung oder Geste verbunden mit einer bestimmten Atemtechnik, Visualisierung und einem Mantra), Bandha (Energieverschluss) und Pranayama. Ein ganzes Buch – die Hatha-Yoga-Pradipika – ist diesen Praktiken gewidmet. Es beschreibt das Ziel jeder Yogapraxis: das Bemühen, die kosmische Energie zu erwecken, die im Wurzelchakra ruht, und sie nach oben aufsteigen zu lassen. Prana beginnt frei und ungehindert zu fließen. Dadurch animiert es die Kundalini sich in Sushumna nach oben zu schlängeln. Während diese vom Beckenboden in die Höhe steigt, wird der Körper immer mehr von göttlicher Essenz durchstrahlt. Dabei öffnet die Kundalini eine Reihe von Chakren und befreit deren Lebenskraft. Erreicht sie schließlich das Scheitelzentrum (Sahasrara), ist jener Zustand jenseits von Raum und Zeit erreicht, den die Yogis Samadhi nennen: Erleuchtung. Befreiung (Mukti) wird möglich.

Von allen Nadis sind drei Energiekanäle im menschlichen Körper besonders wichtig. Ihnen kommt eine tragende Rolle zu, wollen wir uns wohl in unserer Haut fühlen. Die drei bedeutendsten Nadis in uns sind:

- Sushumna, die sehr Gnädige,
- Ida, die Erquickende, und
- Pingala, die Rotbraune.

Von den Nasenöffnungen fließt Prana, die Energie in Form des Atems, durch Ida und Pingala hinab bis zum Beckenboden. Im Idealfall wird sie von dort beim Ausatmen über die Sushumna wieder nach oben geleitet.

Stimmt der Fluss der Atemenergie, wird der Körper von einer Lebenskraft getragen, die von der Erfahrung innerer Festigkeit und lebendiger Stabilität gekennzeichnet ist. Wir spüren eine innere Harmonie in uns, fühlen uns im Einklang mit unserer Lebenskraft, sind zuversichtlich und glücklich.

Sushumna Nadi

Traditionelle Texte berichten, dass Sushumna an der Basis der Wirbelsäule, im Muladhara Chakra, entspringt (siehe Seite 41 f.). Von dort verläuft sie in der Wirbelsäule bis zur Schädeldecke, wo sie in das Scheitelchakra mündet. Auf dem Weg nach oben stößt sie auf Mastaka Granthi (Kopfknoten), wo sich die Sushumna in zwei Zweige teilt. Der bedeutendere davon wandert weiter nach oben. Dort durchstößt er zwischen den Augenbrauen das Stirnchakra und mündet schließlich an der Schädeldecke in Brahmarandhra, dem Tor zum Absoluten: Es kommt zur Vereinung der schöpferischen Kraft mit dem absoluten Bewusstsein und somit zur Freisetzung der kompletten Lebenskraft (Mukti).

Ida und Pingala

Ida und Pingala entsprechen den Nervenknoten des Rückenmarks. Das männliche, erwärmende Pingala verläuft auf der rechten Seite, das weibliche, kühlende Ida auf der linken. Beide winden sich von der Wurzel der Wirbelsäule (Muladhara Chakra) spiralförmig um Sushumna, die dem Rückenmark entspricht, und enden in den Nasenlöchern, von wo aus sie die Lebensenergie durch den Körper leiten – und so unser Verhalten steuern können.

Haben Sie einen dominanten Partner? Dann lohnt es sich, einmal folgende Übung auszuprobieren: Animieren Sie Ihren Schatz dazu, sich morgens vor dem Aufstehen kurz auf die rechte Seite zu legen. Dadurch wird das linke Nasenloch geöffnet. Prana kann verstärkt in Ida fließen. Es wird eine gute Verbindung zum gefühlsbetonten Denken der rechten Hirnhälfte hergestellt. Jetzt müssen Sie nur noch abwarten und beobachten, wie aus dem Löwen mit der Zeit ein Schmusekätzchen wird.

Kundalini – das Energiepotenzial

Kundalini, ebenfalls ein Wort aus dem Sanskrit, bedeutet ursprünglich Ring oder Spirale. Meist wird Kundalini jedoch als Schlange dargestellt. Archäologische Funde belegen, dass die Schlange schon in frühester Zeit die göttliche Urkraft symbolisierte. Sie findet sich in fast allen Frühkulturen aber auch als Bild für die Fruchtbarkeit der Erde. Ebenso wird sie noch heute in vielen Ländern als Zeichen geistiger und körperlicher Heilkraft gesehen. Denken Sie nur an den Stab mit der sich windenden Schlange (der so genannte Äskulapstab), den Sie auf vielen Apothekenschildern finden. Schlangen sind darüber hinaus ein Symbol der Weisheit, Erleuchtung und Erlösung.

Entdecken Sie Ihre Kraft

Die sich selbst in den Schwanz beißende Schlange ist ein uraltes Symbol für die mystische Kehrtwendung. Sich selbst zugewandt ist ihr Bewusstsein auf sie selbst zurückgefallen. Und genau so ist es auch bei der Erleuchtung: Unsere Energie richtet sich auf uns selbst. Der Kreis wird geschlossen. Wir erleben den ursprünglichen Zustand, als es noch keine Gegensätze, noch keine Unterscheidungen gab – den Urzustand der Einheit. Die Kundalini steht somit für unser gesamtes Energiepotenzial. Für all unsere Möglichkeiten. Für die schöpferische Urkraft des Universums und die spirituelle Energie des Menschen. Sie wird symbolisiert durch eine schlafende Schlange, die an der Basis der Wirbelsäule – in Muladhara Chakra – ruht.

Jede Methode, Kundalini zu wecken, dient dazu, unser gesamtes Potenzial zu entfalten. Ein ganzer Mensch zu werden. So betrachtet ist Kundalini erst einmal nichts Besonderes. Sie ist einfach menschliche Energie. Leider jedoch ist meist nur ein kleiner Teil davon aktiv. Und selbst dieser Teil fließt oft nicht ungestört. Es herrscht ein Konflikt zwischen uns und unserer Energie. Und das führt zu Leid und Qual. Erwecken wir aber die Energie, schlängelt sie sich entlang des zentralen Energiekanals (Sushumna Nadi) nach oben. Die Schlangen-, Erkenntnis- oder Kundalini-Kraft ist somit die Energie der Sushumna. Fließt Prana frei, bildet sich in Ida und Pingala die Kraft, die nötig ist, die göttliche Urenergie der Kundalini im Körper des Menschen zu entfalten. Erst dann kann sie nach oben steigen und die verschiedenen Chakren aktivieren.

»Die Kundalini ist die größte menschliche Energie. Wenn wir Kundalini erwecken, beginnen wir uns komplett zu verändern. Wir werden gelassen und souverän.«

Baba Ram Dass

Chakren – die Energiezentren

Auf ihrem Weg nach oben durchströmt und öffnet die Kundalini eine Vielzahl von energetischen Zentren. Ein solches Zentrum wird Chakra (Kreis, Rad) oder auch Padma (Lotus, Lotusblüte) genannt.

Im Hatha Yoga geht man davon aus, dass entlang der vertikalen Achse der Sushumna insgesamt sieben solcher Energiezentren liegen. Jedes dieser Hauptchakren ist für ganz bestimmte Bereiche der körperlichen Gesundheit sowie des seelisch-geistigen Wohlbefindens verantwortlich. Störungen und Blockaden der Chakren können sich daher auf physischer und psychischer Ebene zeigen – in manchen Fällen sogar auf beiden. Die Yogaphilosophie lehrt uns, dass der Mensch diesen Störungen und Blockaden nicht machtlos ausgeliefert ist. Und deshalb bietet das Yogasystem verschiedene Möglichkeiten, die Chakren zu harmonisieren, bestehende Blockaden allmählich wieder aufzulösen und auf diesem Wege Körper und Geist zu heilen.

Dabei helfen Bewegung, bewusstes Atmen und verstärkte Aufmerksamkeit sich selbst gegenüber. Nur wer sich selbst beobachtet, kann erkennen, welches Verhalten Spannungen auf die Energiezentren ausübt.

Das yogische Chakra-Modell eignet sich hervorragend zur bewussten Arbeit am persönlichen Wachstum. Dabei geht die therapeutische Wirkung der Chakren-Heilung weit über den bloßen Genuss einer Tiefenentspannung hinaus. Trotzdem darf die Selbsterfahrung nicht als Therapieersatz missverstanden werden.

Der Reinigung des Emotional-Körpers (siehe auch Seite 36) kommt dabei eine Schlüsselstellung zu. Denn kein anderer Körper prägt in solch hohem Maße unser Befinden. In ihm speichern wir all unsere Gefühle – Ängste, Aggression, Einsamkeit, Zurückweisung und mangelndes Selbstvertrauen ebenso wie Erinnerungen, Sehnsüchte und Wünsche. Der Emotional-Körper vermittelt so etwas wie die Summe unserer unbewussten Wunden als Botschaft an die Außenwelt. Und das kann schnell zum Bumerang werden. Jede energetische Schwingung, die von uns ausgeht, zieht wieder ganz bestimmte Energien an. Sie kennen das sicher selbst: Nur allzu oft werden wir genau mit dem konfrontiert, vor dem wir am meisten Angst haben, das wir vermeiden oder loswerden wollen.

Warum uns das immer wieder passiert? Tief sitzende, ungelöste Erfahrungen wirken wie ein Magnet auf die entsprechende psychologische Polarität in unserer Umwelt. Dadurch kann es vorkommen, dass wir viel Zeit mit Menschen verbringen, die genau das ausleben, was wir unbewusst unterdrücken. Fällt es Ihnen zum Beispiel schwer, eine gesunde zielgerichtete Aggression auszuleben? Dann gibt es in Ihrer Umgebung wahrscheinlich auffällig viele Menschen, die genau damit überhaupt keine Probleme zu haben scheinen. So wird die Umwelt zum Schatten jener Teile unserer Persönlichkeit, die wir aus unserem Bewusstsein herausprojiziert haben.

Sie können diesem Phänomen nur dann die Grundlage entziehen, wenn Sie beginnen, sich Ihren Verletzungen im Emotional-Körper bewusst zu stellen und an ihrer Heilung zu arbeiten.

Erstes Chakra: Muladhara – das Wurzelzentrum

Das Muladhara sitzt im Bereich des Damms und des Beckenbodens. Lebenswille, Lebenskraft, Selbsterhaltungstrieb und Urvertrauen – all unsere Überlebensprogramme – haben hier ihren Sitz.

Stehen wir mit beiden Beinen fest auf dem Boden, sind unsere Aktivitäten von Ausdauer und Durchhaltevermögen gekennzeichnet. Wurden wir jedoch auf der ersten Ebene der Bewusstseinsentwicklung verletzt, leiden wir unter diffusen Angstgefühlen und mangelndem Selbstbewusstsein. Wir sind körperlich angespannt und wachsam. Im schlimmsten Fall werden wir sogar von einer regelrechten Panik beherrscht. Dann wirken bereits kleinste körperliche Veränderungen höchst bedrohlich, da das Überleben permanent in Gefahr zu sein scheint.

Dabei fängt alles so schön an. Als Embryo ist zunächst jeder von uns untrennbar mit der Weite und Stille verbunden. Mit Vitalität und Hingabe, Licht und Liebe. Wir leben schwerelos in der Weichheit und Wärme des Mutterbauchs. Die Einfachheit des Seins wird jedoch durch die Geburt jäh unterbrochen. Das Paradies schließt seine Pforten, unser Überlebensinstinkt springt an. Die Sicherheit, das Vertrauen in uns selbst und in das Leben werden zum ersten Mal aufs Heftigste erschüttert. Unsere erste Programmierung lautet: »Mein Weiterleben ist in Gefahr.« Seitdem schützen uns verschiedene Muskelverspannungen, Unempfindlichkeit und eine selektive Wahrnehmung vor tatsächlichem und eingebildetem Schmerz. Das kann dazu führen, dass wir Sicherheit bei anderen suchen.

› Blockaden im Muladhara äußern sich körperlich häufig in einem Mangel an Lebensenergie und Vertrauen ins Leben, in psychischer Kraftlosigkeit, Kreuzschmerzen, Darmerkrankungen (wie Verstopfung und Durchfall) oder stressbedingten sowie allergischen Beschwerden.

› Krieger II (Seite 88) sowie die Bewegungsfolgen 1 (Seite 56 ff.) , 2 (Seite 62 ff.), 5 und 6 (Seite 82 ff.) helfen, das Wurzelchakra wieder in Balance zu bringen.

Zweites Chakra: Svadhisthana – das Steißzentrum

Das zweite Energiezentrum befindet sich im unteren Bauch. Sinnlichkeit, schöpferische Kraft, Lust am Leben, positive Bindungen zu anderen Menschen und zum anderen Geschlecht, sexuelle Energie sowie Selbstbewusstsein und Begeisterungsfähigkeit sind hier angesiedelt. Svadhisthana ist dafür verantwortlich, ob wir uns als Frau beziehungsweise als Mann fühlen. Ob wir Lust spüren und ausleben können.

Hier entscheidet sich auch, wie wir mit Alleinsein und Nähe umgehen. Ist ein natürlicher Rhythmus zwischen beiden Polen möglich? Oder haben wir uns unbewusst für einen entschieden und so unsere Handlungsfreiheit entscheidend beeinträchtigt?

Zu guter Letzt hängt es vom zweiten Chakra ab, ob wir Zugang zu unseren »Bauchgefühlen« haben. Empfindungen wie Wut, Angst, Freude, Begeisterung und Traurigkeit sind oft nur sehr schwach zu spüren. Wir fühlen uns dann isoliert von der eigenen Gefühlswelt und können uns anderen nur über den Verstand nähern. Ist Svadhisthana dagegen gesund, können wir Offenheit, Mitgefühl und Anteilnahme empfinden.

Wird die zweite Ebene verletzt, geschieht das in der Regel im Laufe des ersten Lebensjahres. In dieser Zeit erfahren wir bisher unbekannte Empfindungen wie Hunger oder Einsamkeit und fühlen uns anderen völlig ausgeliefert. Wir sind hilflose Wesen, die nicht in der Lage sind, ihre elementarsten Bedürfnisse selbst zu befriedigen. Wir sind völlig abhängig von unserer Mutter oder einer anderen Bezugsperson.

In dieser Phase entsteht eine zweite Programmierung: »Ich brauche jemanden, um weiterzuleben.« Nur wenn das Energiezentrum heilt, erleben wir uns als selbstständig, als eigenverantwortlich für unser Wohlempfinden und für die eigenen Gefühle.

»Jedes Chakra ist ein Tor zur Essenzqualität.«

Dr. Günther Bayer

› Blockaden im zweiten Chakra äußern sich häufig in einer Unfähigkeit, das Leben zu genießen, aber auch in seelischer Kraftlosigkeit, Eifersucht und Schuldgefühlen. Zudem kann es zu sexuellem Desinteresse, aber auch zu zwanghaftem Sexualverhalten, Sexgier und/oder einer generellen Suchtgefährdung kommen. Häufig finden sich starke Stimmungsschwankungen. Frauen klagen über Menstruationsbeschwerden oder über Erkrankungen der Gebärmutter und Eierstöcke, über Blasenprobleme und Harnwegsinfektionen. Bei

Männern kann es durch Blockaden zu Prostata- und Hodenerkrankungen sowie zu Potenzstörungen kommen.

› Folgende Yogaübungen helfen: Gebundene Winkelhaltung (Seite 102) sowie die Bewegungsfolgen 7 (Seite 94 ff.) und 8 (Seite 98 ff.)

Drittes Chakra: Manipura – das Nabelzentrum

Das dritte Energiezentrum liegt im Solarplexus, dem Nervensystem im Oberbauch. Es ist der Ort von Kraft und Stärke, der Sitz von Willenskraft, Selbstvertrauen, Selbstkontrolle, Macht, Durchsetzungskraft und Selbstbewusstsein. Ist die dritte Ebene gesund, strotzen wir vor Ausdauer, Risikobereitschaft, Autonomie und Präsenz. Wir verwirklichen unsere Ziele voller Tatendrang, sind belastbar und haben gute Nerven. Für unsere Erholung sorgt ein guter und tiefer Schlaf.

Wurde Manipura jedoch verletzt, stehen sich die Pole Dominieren und Unterwerfen gegenüber. Richten wir die Energie nach außen oder nach innen? Herrschen wir oder werden wir beherrscht?

Zu Verletzungen der dritten Ebene kommt es vor allem im Kleinkindalter – etwa bis zum Ende des dritten Lebensjahres. In dieser Zeit wird unserer natürlichen Lebendigkeit und Selbstbehauptung, unserem Forschungsdrang und unserer Neugier häufig Widerstand, Unterdrückung oder gar Gewalt entgegengesetzt. Häufig führt dies zu einer Überbewertung des dominanten oder des ohnmächtigen Pols.

› Störungen im dritten Ckakra äußern sich häufig in Gleichgültigkeit, Unsicherheit, einem geringen Selbstbewusstsein und mangelnder Durchsetzungskraft, aber auch in Machtbesessenheit, übertriebenem Ehrgeiz und Leistungsdenken, Rücksichtslosigkeit und Wutanfällen. Körperliche Syptome sind Magenerkrankungen, Sodbrennen, Erkrankungen von Leber, Milz und Gallenblase, Verdauungsstörungen oder Schmerzen in der Lendenwirbelsäule, aber auch Ess- und Schlafstörungen.

› Der Drehsitz (Seite 96) sowie die Bewegungsfolgen 3 (Seite 68 ff.), 6 (Seite 84 ff.), 7 (Seite 94 ff.) und 10 (Seite 114 ff.) helfen ebenso wie der Blasebalg-Atem (Seite 135), das dritte Chakra wieder in ein harmonisches Gleichgewicht zu bringen.

Viertes Chakra: Anahata – das Herzzentrum

Das Herzzentrum sitzt in der Mitte der Brust und ist von zentraler Bedeutung für unser seelisches Wohlbefinden. Alle Energien der vorher genannten Chakren erleben in Anahata eine Verwandlung: Erst hier werden Selbstakzeptanz und Respekt für andere, Wärme, Verstehen und wirkliches Mitgefühl möglich.

Ist die vierte Ebene verletzt, haben wir kaum Energie, erscheinen emotionslos und kalt. Wir entscheiden uns unbewusst zwischen Geben und Nehmen. Bewerten unsere Vorlieben und Abneigungen in übertriebener Form und leben unter Umständen gerade das aus, was uns einmal verletzt hat: negative Liebe. Wir beginnen dann, Forderungen, Bedingungen und Ansprüche an andere zu stellen. Dadurch erhalten unsere Beziehungen einen regelrechten Tauschcharakter. Sie sind geprägt von Eifersucht, Verweigerung und der Angst, abgelehnt zu werden.

Ein gesundes Herzzentrum dagegen ist gekennzeichnet durch Freundschaft und Freundlichkeit. Jetzt sind Geduld, Offenheit und Vertrauen möglich. Toleranz entsteht und negative Emotionen wie Frust, Neid und Depression lösen sich auf. Ohne besondere Ursache verströmt ein heiles Herz Wärme und Freude. Wir lassen los und geben uns hin. Die eigenen Gefühle werden verfeinert, Entspannung, Wärme, Stille und Weite können sich entwickeln.

Trost spenden und Liebe schenken: Dazu bedarf es des Herzchakras.

Der beste Weg, um die Herzensebene zu heilen, ist, sich von der Freude und Wärme eines Vorbilds anstecken zu lassen. Dazu bedarf es jedoch einer gewissen Offenheit und einer guten Portion Abenteuerlust.

› Körperliche Symptome einer Blockade im vierten Chakra sind Krankheiten am Herzen sowie den Herzgefäßen, ein zu hoher oder zu niedriger Blutdruck, erhöhte Cholesterinwerte, Durchblutungsstörungen, Erkrankungen der Lunge, Asthma, Atembeschwerden, eine immer wiederkehrende Erkältung, Allergien, Schmerzen in der Brustwirbelsäule und den Schultern sowie Rheuma in den Armen und Händen.

› Folgende Übungen helfen bei Blockaden im Anahata : Halbes Rad (Seite 120), Bewegungsfolgen 3 (Seite 68 ff.), 4 (Seite 74 ff.), 10 (Seite 114 ff.) und 11 (Seite 118 ff.)

Fünftes Chakra: Visuddha – das Halszentrum

Visuddha liegt im Bereich der Kehle. Es ist der Ort der Kommunikation, der Wahrheit, der mentalen Kraft, der Musikalität und des Selbstaudrucks. Seine Pole sind Selbstdarstellung und kreative Inspiration. Ist die Bewusstseinsebene gesund, werden wir zum Künstler: Unsere Person tritt in den Hintergrund, Schönheit und Objektivität entfalten sich. Die schöpferische Kraft zeigt Empfindsamkeit für ein höheres Bewusstsein. Wir wiederholen und imitieren nicht andere, sondern werden wir selbst. Indem wir uns zurücknehmen und die innere Stimme sprechen lassen, wachsen wir. Unser ganzes Leben wird dann getragen von Inspiration und gespeist von einer unerschöpflichen inneren Quelle.

› Blockaden in Visuddha äußern sich häufig in Schwierigkeiten, Gefühle und Gedanken in Worte zu fassen oder in der Angst, seine eigene Meinung zu vertreten. Wir sind dann gehemmt und schüchtern. Körperlich kann sich dies in Halsschmerzen, einer Hals- und Mandelentzündung, in Heiserkeit, Sprachstörungen, in Mundhöhlen-, Zahnfleisch- und Kieferentzündungen äußern, aber auch in Schmerzen in der Halswirbelsäule, im Nacken und in den Schultern. Auch eine Über- oder Unterfunktion der Schilddrüse kann auf eine Blockade hinweisen.

› Rückbeugen und Umkehrhaltungen können helfen, das fünfte Ckakra zu reinigen. Der Schulterstand (Seite 126) ist dazu ebenso geeignet wie die Bewegungsfolgen 10 (Seite 114 ff.), 11 (Seite 118 ff.) und 12 (Seite 124 ff.) oder der Siegreiche Atem (Seite 136).

Sechstes Chakra: Ajna – das Stirnzentrum

Im sechsten Energiezentrum – dem Ort der Weisheit und Intuition – befreien wir uns von Bildern, die wir selbst von uns haben. Ajna sitzt über den Augen im Bereich der Stirn. Frei von Glaubenssätzen und Prägungen vereinigen sich an dieser Stelle Intellekt und Emotion.

Befindet sich das Stirnzentrum in Balance, verfügen wir über ein außerordentlich gutes Gedächtnis und können uns sehr gut konzentrieren. Unser Denken ist geprägt von guter Vorstellungskraft, viel Phantasie und geistiger Klarheit. Der Verstand hört auf, die Intuition abzuwerten und sie als bloße Einbildung, Aberglaube oder Zufall abzutun. Das in der linken Hirnhälfte verankerte Entscheiden und das rechte ganzheitliche Schauen vereinen sich zu einem Ganzen. So werden auch komplexe Zusammenhänge zutiefst verständlich. Die Intuition kann sich dabei nach außen ebenso richten wie nach innen. Ist Letzteres der Fall, erfassen und verstehen wir die wirkliche Natur unseres Wesens. Wir lösen uns von der Vergangenheit ebenso wie von zukünftigen Plänen. Wir sind das erste Mal ganz im Hier und Jetzt angekommen, nehmen erste überwältigende, wenn auch nicht anhaltende Erlebnisse der Erleuchtung wahr. Das Wissen um das höchste Potenzial hat uns bereits erreicht. Wir können uns in diesem Stadium nur noch nicht mit ihm identifizieren.

› Störungen auf der sechsten Ebene können dagegen schnell zu Konzentrations- und Lernschwächen führen. Auch Ängste und Wahnvorstellungen sind nicht selten eine Folge von Blockaden in dieser Ebene. Körperlich klagen wir dann über Kopfschmerzen, Migräne, Augen- und/oder Ohrenleiden, über chronischen Schnupfen, Nebenhöhlenentzündungen, Erkrankungen des Nervensystems oder sogar über neurologische Störungen.

› Heilimpulse für das sechste Chakra senden Kleinkindhaltung (Seite 58) sowie die Bewegungsfolgen 9 (Seite 106 ff.) und 12 (Seite 124 ff.), Blasebalg-Atem und Wechselatmung (Seite 135 und 137).

Siebtes Chakra: Sahasrara – das Scheitelzentrum

Dem siebten Chakra werden die Schädeldecke und Teile des Gehirns zugeordnet, wie Mittelhirn und Zirbeldrüse. Letztere wacht unter anderem über unseren natürlichen Schlaf-Wach-Rhythmus, weshalb ihr eine schützende Funktion für den gesamten Organismus zukommt.

Auf der höchsten Ebene des Bewusstseins angekommen, löst sich endlich der Widerspruch zwischen uns und den anderen. Alle Unterscheidungen innerhalb des Bewusstseins verblassen und allumfassende Bewusstheit wird möglich.

Die bloße Anwesenheit eines Menschen mit gesunder siebter Ebene kann im Bewusstsein anderer einen Sturm an Empfindungen ebenso auslösen wie absolute Stille. Ein solcher Mensch ist ganz ohne sein Zutun ansteckend. Er ist zum jivanmukta geworden. Er ist lebendig befreit.

› Dem Kopfstand (Seite 109) sowie den Bewegungsfolgen 9 (Seite 106 ff.) und 12 (Seite 124 ff.), der Tiefenentspannung (Seite131 f.) und Meditation (Seite 138 ff.) werden positive Auswirkungen auf das Scheitelzentrum zugeschrieben.

Musik und Yoga

Vom Augenblick der Zeugung an prägen Klänge und Rhythmen die Entwicklung eines Menschen. Schon im Mutterleib reagieren wir auf Musik und Takt. Und bis heute ist unser Leben durch bestimmte Rhythmen strukturiert: Der Herzschlag, das Ein- und Ausatmen, Tag und Nacht oder die Jahreszeiten sind nur einige Beispiele dafür. Diesen Rhythmen kommt eine stabilisierende Qualität zu. Sie verschaffen uns Sicherheit und Struktur. Synchronisieren wir unseren Körper mit ihnen, kann dies Wohlbefinden auslösen oder diese Empfindung zumindest unterstützen. Eltern benutzen das Wissen um dieses Phänomen intuitiv, um ihre Kinder zu beruhigen. Sie wiegen sie sachte im Arm oder summen ihnen leise eine Melodie vor. Doch ein gutes Rhythmusgefühl hilft nicht nur den Kleinsten, den Alltag besser zu bewältigen, sondern auch Erwachsenen. Denn Koordination und Kooperation sind häufig von rhythmischen Strukturen geprägt. Viele tägliche Abläufe werden dadurch reibungsloser und weniger ermüdend. Und das bedeutet: Wir haben mehr Kraft für die wirklich wichtigen Dinge des Lebens.

Das Wunder der Musik

Es gibt Erfahrungen, die entwicklungspsychologisch weit vor dem Spracherwerb liegen oder die im Laufe des Lebens verloren gingen. Diese Momente lassen sich über Musik transportieren. Sie eröffnet uns ein Band von Empfindungen, die wir nur schwer in Worte fassen können. Nicht umsonst wurde die Musik von jeher gern mit dem Unaussprechlichen, dem Göttlichen in Verbindung gebracht.
Musik ist ein wahres Wundermittel. Sie kann uns wieder in Schwung bringen, wenn wir müde oder niedergeschlagen sind. Sie lässt unseren Körper vibrieren und lenkt uns vom Grübeln ab. Und das Ganze funktioniert sogar auch andersherum: Sind wir überdreht und nervös, wirkt die richtige Musik beruhigend und hilft, wieder zu unserer Mitte zurück zu finden. Darüber hinaus verfeinert Musik das Hören. Sie üben sich im Zuhören und lernen dadurch, stärker im Hier und Jetzt zu leben. Ihre gesamte Aufmerksamkeit wird sich auf die gegenwärtige Tätigkeit des Übens richten.

Rhythmen schenken Stärke

Musik weckt den Rhythmus der Körper. Die Bewegungen werden einfacher, frei und locker, schwingend und unbeschwert – eben tänzerisch. Musik stimuliert sanft die intuitiven Rhythmen und Bewegungsfrequenzen. Dadurch lassen sich im Yoga auch schwierige Stellungen meistern und Sie können selbst in jenen Haltungen länger verweilen, die normalerweise eher unangenehm sind. Indem die Musik den Blick auf die Gegenwart lenkt, können Sie sich die Einzelheiten jeder Bewegung besser bewusst machen. Dadurch lässt sich Kraft sparen. Und wer an Stärke gewinnt, hat mehr Spannkraft für die Haltungen.
Mit der richtigen Musik wird es Tage geben, an denen Sie das Üben wie Fliegen emp-

finden. Und tatsächlich fliegen Sie ja auch: Beim Übergang von einer Stellung zur anderen scheinen Sie für einen Augenblick frei in der Luft zu schweben, ehe Sie in der nächsten Haltung verweilen.

Welche Musik passt?

Natürlich hängt es in erster Linie vom persönlichen Geschmack ab, welche Musik Sie beim Training auflegen. Dennoch gibt es ein paar Faustregeln:

- Beginnen Sie Ihre Übungseinheit mit kraftvoller, rhythmischer Musik.
- Nach dem Sonnengruß, den stehenden Haltungen und den Rückbeugen wählen Sie dann für die Vorwärtsbeugen und Umkehrhaltungen etwas Ruhigeres.
- Für die Tiefenentspannung am Ende des Trainings eignet sich am besten eine ruhige, sphärische Musik ohne Gesang. Erfahrungsgemäß fällt es den meisten damit am leichtesten, loszulassen.

Manche Übenden ziehen es sogar vor, bei Musik zu meditieren. Dagegen ist erst einmal nichts einzuwenden. Mit der Zeit empfiehlt es sich jedoch, während der Meditation jede Form äußerer Ablenkung auszublenden. Nur in echter Stille ist es möglich, die in uns schlummernde Essenz wirklich zu spüren.

Üben mit Partnern

Auch wenn Sie gerne gemeinsam mit anderen üben, ist Musik hilfreich. Sie werden nämlich schnell merken, wie schwer es ist, gemeinsam einen natürlichen Atemrhythmus zu finden. Doch auch wenn sich Atmung und Bewegung anfangs unterscheiden, lassen sie sich durch Musik sehr schnell synchronisieren. Stimmt der Rhythmus, können Sie selbst in einer großen Gruppe üben: Alle bewegen sich dann im gleichen Takt. Sie atmen gemeinsam im harmonischen Tanz der Einheit verschiedener menschlicher Wesen.

Lassen Sie Ihren Körper vibrieren

OM ist das einfachste und sicherlich kraftvollste Mantra. Es ist eine Klangstruktur, die Ihren Körper zum Vibrieren bringt. Der ganze Körper schwingt, der Atem wird tiefer. Jedes OM fällt in Ihr Bewusstsein wie ein Stein in tiefes Wasser. Dabei entstehen Wellen, die sich kreisförmig ausbreiten und so den ganzen Körper berühren.

Versuchen Sie es selbst: Setzen Sie sich bequem hin. Atmen Sie langsam und halten Sie den Körper ruhig. Denken Sie zunächst »OM«, ohne den Laut dabei wirklich auszusprechen. Wiederholen Sie das Ganze ein paar Mal. Die Lippen sind geschlossen, die Zunge bleibt reglos. Heben Sie dann die Stimme und singen Sie während des Ausatmens langsam und leise »OM«. Sie werden sofort merken, wie gut es tut, die Vibration im ganzen Körper zu spüren – ebenso wie die Ruhe danach.

> »Handle so, als würde die Zukunft des Universums von dir abhängen, und lache über dich selbst, weil du glaubst, dass dein Tun etwas bewegen könnte.«
>
> Buddhistisches Sprichwort

Die Übungs- sequenzen

»Mehr Praxis, weniger Theorie«, das ist das Motto von Sharon Gannon, der Mutter der Jivamukti-Yoga-Methode. Und sie hat Recht. Wir können viel über Yoga reden, aber nur durch das Üben verstehen wir, warum Yoga ein Weg zur Freiheit sein kann.

Bevor es richtig losgeht

Sie haben es im vorherigen Kapitel bereits gelesen: Das Besondere am Jivamukti Yoga ist, dass die Übungsfolgen nicht starr getrennt und jede für sich ausgeführt werden, sondern fließend – im so genannten Vinyasa-Stil. Die einzelnen Haltungen werden dabei durch Ihre Intention und Ihren Atem verbunden. Vor jeder Yogastunde fassen Sie deshalb zunächst eine höhere Absicht: Widmen Sie jede Übung dem Glück und dem Wohlergehen des gesamten Planeten, all seinen Geschöpfen und Daseinsformen. Wenn Sie diese Gedanken während des Übens immer wieder ins Gedächtnis rufen, werden Sie früher oder später frei von Angst und Selbstsucht sein. Und sobald diese negativen Gefühle von Ihnen abfallen, nähern Sie sich dem ursprünglichen Zustand des Yoga.

Das ernsthafte und regelmäßige Üben führt dazu, dass wir die Selbsttäuschung (Avidya) überwinden können. Avidya bezeichnet eine falsche, weil subjektive Interpretation einer Situation. Menschen neigen dazu, beinahe automatisch vorangegangene Reaktionen zu wiederholen, nur weil sie schon einmal in einer vergangenen Situation auf dieselbe Art empfunden, gedacht, verstanden und gehandelt haben. Durch Yoga wird unser Handeln bewusster. Und so befreien wir uns vom »Wiederholungszwang«. Nur dadurch ist echte Befreiung möglich. Nur so erreichen wir den Zustand des Jivanmukta, der befreit von Selbsttäuschung die Einheit allen Seins erkennt. Lasst uns nicht selbstsüchtig sein, lasst uns leichter leben. Das ist die wahre Erleuchtung.

Entspannen Sie sich: Der Weg zum Yogi führt über die Freude, nicht über den Schmerz.

Momente der Besinnung helfen Ihnen, zu sich selbst und so zur Freiheit zu finden.

Vom Yoga-Übenden zum Yogi

Mit jeder Yogaübung werden Sie neue, eigene Erfahrungen machen. Immer wieder sprechen Yogis dabei von Schmerz. Wenn es das ist, was Sie suchen, bekommen Sie so viel davon, wie Sie wollen. Sie müssen sich nur grenzenlos antreiben, wann immer Sie üben. Es liegt schließlich allein an Ihnen, ob Sie Yoga machen, um sich zu bestrafen oder um sich selbst zu erfahren. Wählen Sie Letzteres, wird jede Übung Freude machen. Nehmen Sie es leicht. Machen Sie einen Yogi aus sich – schrittweise, geduldig und entspannt.

Natürlich ist Yoga nicht nur Ekstase und Vergnügen. Manchmal bedeutet Üben auch, mit voller Absicht zu leiden um dadurch Einsicht zu erlangen. Ein anderes Mal heißt es zu widerstehen und zu leiden, ohne es zu wollen. Wir sind eben Menschen und somit unvollkommen. Ein wirklich wichtiger Teil von uns liebt Asanas und Pranayama und trotzdem üben wir manchmal tagelang nicht. Wir leben eben einfach eine andere Seite von uns aus. Und die ist ein nicht minder wichtiger Teil von uns. Schließlich ist es nicht das Ziel des Lebens zu üben, sondern aufzuwachen.

Bewusst zu werden erfordert, dass wir erkennen und beginnen, uns gegenüber uns selbst zu öffnen. Freiheit heißt Verantwortung für sich zu übernehmen und den Mut zu haben, nach der eigenen Wahrheit zu handeln. Niemand kann es allen recht machen. Das Wichtigste ist es, innere Ruhe und Ausgeglichenheit zu entwickeln. Wenn wir gelassen und souverän sind, spürt auch unsere Umwelt Ruhe und Frieden. Darum sollte unsere oberste Priorität die Arbeit an uns selbst sein. Sie werden sehen: Es ist ein Vergnügen, einen Yogi aus sich zu machen, wenn Sie voranschreiten, indem Sie es langsam angehen lassen.

So läuft eine Übungseinheit ab

Jedes Mal, wenn Sie Yoga üben, folgen Sie einem bestimmten Ritual. Wenn Sie sich an die folgenden »Regeln« halten, fällt es leichter, den Weg zu sich selbst zu finden.

Die Vorbereitung

Wählen Sie zum Üben einen Ort, an dem Sie sich wohl fühlen. Nur dort können Sie richtig entspannen. Planen Sie außerdem genug Zeit ein, damit Sie sich nicht selbst unter Druck setzen. Schalten Sie Telefon, Handy und Türklingel aus. Die folgenden Minuten gehören allein Ihnen. Lockere, bequeme Kleidung und eine rutschfeste Yogamatte als Unterlage erleichtern das Üben. Achten Sie auch auf eine angenehme Raumtemperatur. Da Sie barfuß üben, können Sie sonst schnell frösteln und dadurch verspannen Sie. Um den Kreislauf nicht unnötig zu belasten, sollte zudem die letzte größere Mahlzeit mindestens zwei Stunden zurückliegen.

Die Einstimmung

Beginnen Sie die Übungen, indem Sie folgende positive Absicht fassen: »Egal welchen Nutzen ich aus dieser Yogastunde ziehe, ich widme sie dem Glück und dem Wohlergehen anderer.«
Rezitieren Sie dann die folgenden drei Mantras in der angegebenen Reihenfolge:

- »OM OM OM Guru Brahma, Guru Vishnu, Guru Devo Maheshvara, Guru Sak Shat, Param Brahma, Tasmai Shri Gurave Namah.« (»Möge meine Übungspraxis mir helfen, die Demut zu entwickeln, die notwendig ist, um die absolute Freiheit zu erkennen, die zu jedem Zeitpunkt in mir und um mich herum vorhanden ist.«)
- »Lokah Samastah Sukhino Bhavantu.« (»Mögen alle Lebewesen überall glücklich und frei sein, und mögen meine Gedanken, Worte und Taten zum Glück und zur Freiheit aller beitragen.«)
- »OM Shanti Shanti Shanti.« (»Frieden, Frieden, Frieden.«)

Der Ujjayi-Atem

Während des Übens gilt das Bewusstsein der Atmung. Verleihen Sie dem Einatmen dieselbe Länge und Intensität wie dem Ausatmen. Gehen Sie in die Ujjayi-Atmung über. Dabei atmen Sie durch beide Nasenlöcher langsam ein und wieder aus. Spüren Sie, wie die eingesogene Luft durch die Gaumenhöhle streift. Verschließen Sie die Stimmritze leicht und hören Sie zu, wie dadurch ein leises Geräusch im Inneren des Kopfes entsteht – sanft wie das Meeresrauschen (siehe auch Seite 136).

Die einzelnen Phasen

Zu jeder Übungseinheit gehören auch Entspannungsphasen und Meditation. Legen Sie sich dafür am Ende der Yogastunde auf den Rücken. Wenn es kühler ist, wärmt eine leichte Decke. Spreizen Sie die Beine leicht. Die Arme liegen neben dem Körper, die Handflächen zeigen nach oben. Bleiben Sie etwa zehn Minuten ruhig liegen. Wer mag, zündet sich vorher Räucherstäbchen an oder legt entspannende Musik auf. Zum Abschluss sollte dann jedoch immer noch eine Phase der Stille folgen. Stoppen Sie die Musik und lauschen Sie nach innen.

Hilfestellungen

Regelmäßiges Üben und Geduld (Abhyasa und Vairagya) sind die Voraussetzung für Erfolg im Yoga. Doch es geht nicht darum, den Körper zu verausgaben. Will eine Position überhaupt nicht gelingen, erzwingen Sie sie nicht mit Gewalt. Wechseln Sie stattdessen zur nächsten Übung oder versuchen Sie es mit einer einfacheren Variante. In einigen Fällen hilft auch ein kleines Requisit. Ist beispielsweise Ihre Hüfte nicht beweglich genug, legen Sie bei allen Sitz-Übungen einfach eine Decke oder ein zusammengerolltes Handtuch unter den Po. Dann können Sie sich leichter nach vorn beugen. Wer mit den Händen die Zehen nicht erreicht, nutzt spezielle Gurte (gibt's in den meisten Yogaschulen). Bei Balanceübungen können Sie sich zunächst auf Holzblöcke stützen oder an eine Wand lehnen. Das hilft, das Gleichgewicht zu halten.

Trotz aller Hilfsmittel gibt es aber auch Übungen, die Sie zunächst nur unter der Aufsicht eines erfahrenen Lehrers ausprobieren sollten, wie zum Beispiel den Kopfstand (siehe Seite 109).

Die Übungsfolgen

Die Übungseinheit ab Seite 54 besteht aus mehreren Sequenzen. Jede hat einen anderen Fokus, so dass sie auch unabhängig voneinander ausgeführt werden können. Sie haben es somit selbst in der Hand, ob Sie das ganze Programm üben (siehe beiliegendes Poster) oder nur eine oder mehrere Übungsfolgen daraus machen. Nicht zuletzt wird es auch eine Frage der Zeit sein: Für die gesamte Abfolge müssen Sie etwa 45 Minuten rechnen. Wenn Sie weniger Zeit haben, wählen Sie diejenige Übungsfolge aus, die Sie Ihrem Ziel am nächsten bringt. Wählen Sie zwischen den Sequenzen:

- Atem und Bewegung (Seite 55 ff.)
- Fest im Leben stehen (Seite 81 ff.)
- Vom Egotrip zur Hingabe (Seite 93 ff.)
- Stell die Welt auf den Kopf (Seite 105 ff.)
- Der Mut der Liebe (Seite 112 ff.)
- Zurück in Mutters Arme (Seite 122 ff.)
- Tiefenentspannung (Seite 131 f.)
- Atemarbeit (Seite 133 ff.)
- Meditation (Seite 138 ff.)

info

_Einzelübung oder Übungsfolge?

Wenn Sie nur eine einzelne Übung ausprobieren wollen, starten Sie aus der jeweils angegebenen Ausgangsposition. Sie beenden die Figur dann, wie es unter dem Stichwort »Aus der Haltung kommen« erklärt wird. Wollen Sie jedoch eine ganze Übungsfolge ausführen, beenden Sie die Übung nicht wie angegeben, sondern gehen aus einer Haltung fließend und ohne Unterbrechung in die nächste über.

1. Thema: Leben ist Bewegung – Vinyasa Krama

Wollen wir etwas erreichen, ist es hilfreich, unsere Schritte genau aufeinander abzustimmen. Das Gleiche gilt beim Yoga. So wie das gesamte Leben aus einer Sequenz aufeinander folgender Ereignisse besteht und somit als »Folgeprozess« (Vinyasa Krama) bezeichnet werden kann, so ist auch der schrittweise und intelligente Aufbau einer Übungspraxis ein solcher Folgeprozess. Wir suchen uns ein Ziel, dem wir an diesem Tag mit dem Üben näher kommen wollen (beispielsweise mehr Präsenz, mehr Kraft, mehr Aufmerksamkeit oder geistige Klarheit). Danach planen wir sorgfältig die Schritte, die uns diesem Ziel näher bringen. Ein wichtiger Bestandteil dieses Weges ist die kontrollierte und bewusste Atmung. Sie ist ein grundlegender Aspekt des Jivamukti Yoga.

In jeder Position geht der Atem mit der Bewegung Hand in Hand. Er ist das Bindeglied, das die einzelnen Übungen zum Fließen bringt. Ohne das harmonische Zusammenspiel von Atmung und Bewegung wären die in diesem Buch beschriebenen Yogaübungen nichts anderes als Gymnastik. Indem Jivamukti Yoga jedoch die bewusste Atmung an die Bewegung bindet, verhilft es zu einem Plus an Konzentration und Entspannung. Der Atem trägt somit viel dazu bei, sich zu stärken.

Am besten beginnen Sie jede Übungsfolge mit einer kleinen Übung für die Atem-Achtsamkeit: Stellen Sie sich aufrecht hin und leiten Sie Ihr Bewusstsein zum Atem. Gleichen Sie das Ein- und Ausatmen einander an. Benutzen Sie dazu die Ujjayi-Atmung (siehe Seite 136).

Übungsfolge 1: Atem und Bewegung

In der ersten der neun Übungsfolgen lernen Sie Atem und Bewegung in Einklang zu bringen. Das verbindende Element ist die Intention. Auch wenn wir uns dessen zu Beginn noch nicht bewusst sind: Im Yoga gilt es durch das Üben ein bestimmtes Ziel zu verwirklichen: Erleuchtung. »Die Welt, in der wir leben, ist das Ergebnis von Wirrwarr und Zufall« erkannte bereits der englische Philosoph und Mathematiker Bertrand Russell. Durch die regelmäßige Yogapraxis versuchen wir, bewusster und intelligenter zu handeln. Wir lernen mit mehr Achtsamkeit zu handeln und die Zusammenhänge unseres Tuns zu erkennen. Auf der Yogamatte heißt das, die Bewegungen absichtsvoll und bewusst auszuführen. Auf diese Weise entsteht Meditation in Bewegung. Denken Sie daran: Jede Asana ist nur für den Atem da, nicht umgekehrt. Ihr Körper nimmt verschiedene Stellungen ein, um zu lernen, in jeder noch so verzwickten Situation atmen zu können. Selbst wenn die Welt auf dem Kopf steht, können Sie tief und kraftvoll Luft holen. In Kontakt mit dem Atem zu stehen bedeutet in Kontakt mit dem Leben zu stehen. Denn unser Atem ist das Leben und der Ausdruck der allgegenwärtigen Lebenskraft.
Wenn Sie eine Reihe von Asanas üben, verbinden Sie diese mit einer bewussten Atmung. Die wahre Verbindung zwischen den Asanas aber ist die Intention, mit der Sie üben. Selbstverwirklichung, ein schöner Körper oder Zeitvertreib? Das Ziel setzen Sie sich selbst. Ihr Vorsatz entscheidet über das Ergebnis der Übung ebenso wie über all Ihre Handlungen. Der Atem ist nur ein Bild dafür. Er hält Sie wach und konzentriert, macht Ihnen Ihre Absicht bewusst. Die Yogapraxis wird Ihnen dann genau das geben, was Sie erzielen wollten.

Achtsamkeit lernen

Die erste Übungsfolge umschließt vier Bewegungsfolgen, die helfen sollen, das Zusammenspiel von Atem und Bewegung besser zu verstehen. Dafür ist ein hohes Maß an Achtsamkeit wichtig. Diese lässt sich zunächst in relativ simplen Bewegungsabläufen lernen, wie dem Katze-Kuh-Spiel ab Seite 56. Finden Atem und Körper zusammen, können Sie jedoch bereits hier erfahren, was das ganz Besondere am Yoga ist: das Einswerden mit dem Handeln.
Auf der körperlichen Ebene mobilisieren die Übungen die Wirbelsäule und beugen so ganz nebenbei Rückenbeschwerden vor.

- Bewegungsfolge 1: Katze-Kuh-Spiel (siehe Seite 56 ff.)
- Bewegungsfolge 2: Taucherdehnung (siehe Seite 62 ff.)
- Bewegungsfolge 3: Die Schlange und der Hund (siehe Seite 68 ff.)
- Bewegungsfolge 4: Sonnengruß (siehe Seite 74 ff.)

»Die tiefsten Erkenntnisse im Leben entstammen der Fähigkeit zur Hingabe.«

Osho

Bewegungsfolge 1 Katze-Kuh-Spiel

Die Welt ist ein göttliches Spiel. Wenn wir dem Leben immer wieder eine spielerische Dimension geben, erleben wir es mit viel mehr Freude und Leichtigkeit. Was auch immer Sie also tun, machen Sie es mit völliger Hingabe und Aufmerksamkeit. Konzentrieren Sie sich nicht so sehr auf das Ergebnis oder das, was danach kommt – so wie ein Kind sich ganz dem Spiel widmet, ganz in diesem aufgeht und alles um sich herum vergisst. Leben Sie nur für den Augenblick.

beachten

Die Stellungen des Katze-Kuh-Spiels gehen fließend ineinander über. Da die ersten vier Übungen relativ einfach sind, ist es leicht, dabei das Zusammenspiel von Atem und Bewegung wahrzunehmen und zu verinnerlichen. Die Bewegungsfolge ist daher ein perfekter Einstieg in das so genannte Vinyasa Krama – der Kunst, die einzelnen Yogahaltungen fließend miteinander zu verbinden.

ausatmen einatmen ausatmen

_3 KUH SEITE 60 »

_4 KATZE SEITE 61 »

ausatmen

_1 KLEINKINDHALTUNG SEITE 58 »

einatmen

_2 VIERFÜSSLERSTAND SEITE 59 »

einatmen

_5 VIERFÜSSLERSTAND SEITE 59 »

ausatmen

_6 KLEINKINDHALTUNG SEITE 58

Kleinkindhaltung
Bhekiasana

Wenn Sie die Haltung eines kleinen Kindes einnehmen, entspannen Rücken und Bauch. Das Gehirn wird mit Blut und dadurch mit viel Sauerstoff versorgt. Das Nervensystem beruhigt sich und die Aufmerksamkeit wird nach innen gelenkt.

_1 Ausgangsposition: Sie liegen entspannt auf dem Bauch.

_2 Ausatmen: Legen Sie die Hände neben der Brust auf den Boden und schieben Sie den Po auf die Fersen.

_3 In der Haltung: Der Po ruht auf den Fersen. Die Fußspitzen berühren sich, die Fersen fallen sanft nach außen. Ziehen Sie die Knie etwas auseinander. Atmen Sie ein und strecken Sie den Oberkörper. Beim Ausatmen legen Sie den Bauch lang gedehnt auf die Oberschenkel ab. Die Stirn berührt den Boden. Der Rücken ist lang, die Wirbelsäule angenehm gedehnt. Die Arme liegen entspannt neben dem Körper und die Schultern sinken in Richtung Boden. Rücken und Bauch entspannen. Die Augen sind geschlossen.

_4 Aus der Haltung kommen: Beim Einatmen strecken Sie die Arme nach vorn aus. Über den Vierfüßlerstand schieben Sie sich dann mit einer Ausatmung in den nach unten schauenden Hund (siehe Seite 70).

Verweilen Sie für mindestens 5 Atemzüge in dieser Haltung.

Vierfüßlerstand
Svanasana

Mit dieser Haltung, die den eigentlichen Ausgang für das Katze-Kuh-Spiel bildet, stärken Sie die Handgelenke und dehnen gleichzeitig die Zehen und die Vorderseiten der Füße. Da die Stellung relativ einfach ist, können Sie sich völlig auf Ihre Atmung konzentrieren.

_1 Ausgangsposition: Kleinkindhaltung (siehe links)

_2 Einatmen: Strecken Sie die Arme nach vorn aus. Drücken Sie die Hände fest in den Boden und schieben Sie die Schultern nach vorn über die Handgelenke.

_3 In der Haltung: Platzieren Sie die Knie genau unter den Hüften. Die Handgelenke befinden sich in einer Linie mit den Schultern. Arme und Oberschenkel sind senkrecht und parallel zueinander. Drücken Sie Zeigefinger und Daumen fest in den Boden. Strecken Sie die Arme und halten Sie sie möglichst die ganze Zeit in dieser Position. Die Zehen sind entweder gestreckt oder aufgestellt. Die Schultern sind entspannt. Das Körpergewicht ist gleichmäßig auf Hände und Füße verteilt.

_4 Aus der Haltung kommen: Atmen Sie aus und schieben Sie den Po auf die Fersen. Legen Sie dann die Arme neben den Füßen ab (Kleinkindhaltung, links).

Verweilen Sie für mindestens 5 Atemzüge in dieser Haltung.

Kuh
Goasana

Durch die Kuh werden Brustwirbelsäule und Brustkorb beweglicher. Auch der Schultergürtel wird gelockert. Das tut gut, denn gerade hier sind wir oft verspannt. Die Stellung dient außerdem dazu, die Einatmung zu verlängern.

_1 Ausgangsposition: Vierfüßlerstand (siehe Seite 59)

_2 Ausatmen: Heben Sie den Kopf. Der Brustkorb öffnet sich weit.

_3 In der Haltung: Die Schulterblätter nähern sich einander. Atmen Sie gleichmäßig weiter. Kippen Sie das Becken leicht nach hinten. Rollen Sie dabei die Wirbelsäule vom Steißbein aus ab.

_4 Aus der Haltung kommen: Atmen Sie aus und schieben Sie den Po auf die Fersen. Die Arme neben den Füßen ablegen (Kleinkindhaltung, siehe Seite 58).

Verweilen Sie für mindestens 5 Atemzüge in dieser Haltung.

»Wir üben Yoga aus unserer tiefen Sehnsucht nach innerem und äußerem Frieden. Aus Interesse für den Sinn des eigenen Lebens, die Hintergründe des Daseins.«

David Life

Katze
Cakravakasana

Die Katze löst Spannungen im unteren Rücken, der im Alltag oft stark belastet wird. Der Atem kann tiefer fließen. Das Bewusstsein um die Bewegung des Atems im Rücken steigt. Dadurch können sich die Lungenbläschen weiter ausdehnen und mehr Sauerstoff aufnehmen.

_1 Ausgangsposition: Vierfüßlerstand (siehe Seite 59)

_2 Einatmen: Drücken Sie die Hände in den Boden. Runden Sie den Rücken langsam nach oben.

_3 In der Haltung: Drücken Sie die Knie in den Boden. Der Kopf hängt locker herab. Ziehen Sie den Bauch dabei leicht ein. Halten Sie aber nicht die Luft an, sondern atmen Sie gleichmäßig weiter. Kippen Sie das Becken diesmal leicht nach vorn. Beginnen Sie wie bei der Kuh die Bewegung am Steißbein und beenden Sie sie am Scheitel.

_4 Aus der Haltung kommen: Atmen Sie aus und schieben Sie den Po auf die Fersen. Legen Sie die Arme neben den Füßen ab (siehe Kleinkindhaltung Seite 58).

Verweilen Sie für mindestens 5 Atemzüge in dieser Haltung.

Bewegungsfolge 2 Taucherdehnung

Wenn auf hoher See der Sturm wirbelt, entstehen an der Oberfläche des Ozeans viele Wellen. In den Tiefen des Gewässers bleibt es jedoch ruhig. Auch unsere Gedanken und Emotionen sind wie die Wellen des Ozeans. Sie werden von außen beeinflusst. Unsere Essenz aber, das was wir wirklich sind, bleibt davon unberührt. Wenn Sie tiefer und tiefer in die Gedankenwellen eintauchen, werden Sie entdecken, dass darunter selige Ruhe, innerer Frieden und tiefes Wohlgefühl herrschen.

beachten

Die Füße stehen bei dieser Bewegungsfolge anfangs hüftbreit auseinander. Achten Sie darauf, dass Ihr Gewicht gleichmäßig auf beiden Fußsohlen verteilt ist. Halten Sie trotz der Anstrengung die Gesichtsmuskeln entspannt. Achten Sie vor allem auf das Kiefergelenk.

ausatmen einatmen ausatmen

_3 TAUCHERDEHNUNG I SEITE 66 »

_4 TAUCHERDEHNUNG II SEITE 67 »

ausatmen

_1 BERGHALTUNG SEITE 64 »

einatmen

_2 KRAFTVOLLE HALTUNG SEITE 65 »

einatmen

_5 TAUCHERDEHNUNG I SEITE 66 »

ausatmen

_6 BERG-HALTUNG SEITE 64

Berghaltung
Tadasana

Die Berghaltung ist die Basis fast aller Yogahaltungen. Die Wirbelsäule wird gestreckt und die Beine werden stark. Dadurch erden Sie Ihren Körper und finden eine stabile und bequeme Beziehung zur Erde. Körper und Verstand kommen zur Ruhe. Wir können wachsen.

_1 Ausgangsposition: Stehen Sie bequem.

_2 Einatmen: Richten Sie den Körper auf.

_3 In der Haltung: Nehmen Sie die Füße zusammen. Große Zehen und Innenseiten der Fersen berühren sich leicht. Die Zehen sind gestreckt und sanft gespreizt. Verteilen Sie Ihr Gewicht gleichmäßig auf den ganzen Fuß. Heben Sie das Fußgewölbe leicht an. Die Beine sind gestreckt, die vordere Oberschenkelmuskulatur aktiv und die Kniescheiben leicht hochgezogen. Heben Sie das Brustbein etwas an. Unterbauch und Beckenboden nach oben und innen ziehen. Machen Sie die Wirbelsäule ganz lang und senken Sie die Schultern sanft nach hinten und unten. Der Hals ist lang gestreckt, ohne die Muskulatur dabei anzuspannen. Ziehen Sie das Kinn etwas zurück. Der Kopf hält sich dadurch aufrecht und gerade. Der Blick geht nach vorn.

_4 Aus der Haltung kommen: Atmen Sie aus und nehmen Sie eine entspannte Haltung ein.

Verweilen Sie für mindestens 5 Atemzüge in dieser Haltung.

»Wer regelmäßig übt, fängt an, die wichtigste Regel im Yoga zu verstehen. Sie heißt: Verletze nichts und niemanden.«

David Life

Kraftvolle Haltung
Utkatasana

Utkatasana kräftigt den gesamten Unterkörper. Beinmuskeln und Knöchel werden gestärkt, Waden und Achillessehne gedehnt. Das Zwerchfell wird leicht angehoben, was das Herz sanft massiert. Der Puls steigt an, der ganze Körper wird erfrischt und belebt. Sie spüren neue Kraft und haben mehr Ausstrahlung.

_1 Ausgangsposition: Berghaltung (links)

_2 Einatmen: Beugen Sie die Beine tief. Strecken Sie Arme und Oberkörper lang nach oben. Die Handflächen berühren sich. Ist das zu anstrengend, halten Sie die Hände schulterbreit auseinander.

_3 In der Haltung: Drücken Sie die Knie fest aneinander und pressen Sie die Fersen in den Boden. Füße und Unterschenkel sind parallel, die Außenkanten der Fersen stehen fest auf dem Boden. Heben Sie von der Hüfte aus den Bauch leicht an. Schulterblätter nach hinten und unten ziehen. Die Oberschenkel sind möglichst parallel zum Boden. Heben Sie den Brustkorb leicht an. Das Steißbein zieht nach unten zum Boden. Der Blick geht zu den Händen.

_4 Aus der Haltung kommen: Atmen Sie ein. Strecken Sie die Beine langsam, bis Sie wieder stehen. Erst dann senken Sie die Arme.

Verweilen Sie für mindestens 5 Atemzüge in dieser Haltung.

beachten

Gerade wenn es anstrengend wird, hilft es, sich daran zu erinnern: Vieles, das passiert, folgt einem größeren Sinn, als wir vielleicht auf den ersten Blick sehen. Deshalb lohnt es sich, alles erst einmal anzunehmen und genauer zu betrachten. Auf diese Weise lässt sich jede Herausforderung meistern.

Taucherdehnung I
Utkatasana – Variation

Wie in der kraftvollen Haltung wird auch bei der ersten Variante der Taucherdehnung der gesamte Unterkörper gekräftigt. Zusätzlich aber verstärken Sie die Öffnung des Brustkorbs und dehnen die Schultern.

_1 Ausgangsposition: Kraftvolle Haltung (siehe Seite 65)

_2 Ausatmen: Senken Sie die Arme und verschränken Sie die Finger hinter dem Rücken.

_3 In der Haltung: Heben Sie mit dem Einatmen den Brustkorb und öffnen Sie ihn weit. Heben Sie die hinteren Rippen vom Becken weg. Das Steißbein in Richtung der gebeugten Knie ziehen. Heben Sie den Bauch leicht an und ziehen Sie ihn etwas ein. Die unteren Rippen senken, um einem möglichem Hohlkreuz entgegenzuwirken. Heben Sie die Hände vom unteren Rücken, um die Dehnung der Schultern zu vestärken.

_4 Aus der Haltung kommen: Atmen Sie aus, lösen Sie die Hände und beugen Sie sich locker nach vorn.

Verweilen Sie für mindestens 5 Atemzüge in dieser Haltung.

Wer in sich ruht, der bleibt zufrieden und gelassen in jeder Situation des Lebens.

Taucherdehnung II
Utanasana – Variation

Bei der zweiten Variation wird von den Beinen bis zum Nacken die gesamte Rückseite des Körpers gestreckt. Der Schwerpunkt der Dehnung liegt dabei jedoch auf dem Schultergürtel und der oberen Brustmuskulatur.

_1 Ausgangsposition: Taucherdehnung I (siehe linke Seite)

_2 Ausatmen: Beugen Sie sich nach vorn und ziehen Sie die ineinander verschränkten Finger über den Kopf.

_3 In der Haltung: Halten Sie die Beine möglichst gestreckt. Die Arme ziehen weiter über den Kopf. Drücken Sie dabei die Handflächen fest gegeneinander. Der Nacken ist lang gestreckt, der Kopf hängt locker und entspannt nach unten.

_4 Aus der Haltung kommen: Atmen Sie aus, lösen Sie die Hände und beugen Sie sich locker nach vorn.

Verweilen Sie für mindestens 5 Atemzüge in dieser Haltung.

beachten

Lassen Sie den Kopf ganz locker nach unten hängen. Ansonsten wird die Halswirbelsäule unnötig belastet.

Bewegungsfolge 3

Die Schlange und der Hund

Yoga imitiert das Leben nicht. Yoga ist Leben. Denn die Yogahaltungen drücken die gemeinsame Essenz aus, die durch alle Lebensformen fließt. Im Yoga nimmt unser Körper verschiedene Formen ein. Mal sind wir ein Held, mal ein Hund. So können wir die gemeinsame Essenz in anderen Formen

ausatmen

_1 NACH UNTEN SCHAUENDER HUND SEITE 70 »

einatmen

_2 SCHIEFE EBENE SEITE 71 »

einatmen

ausatmen

_4 KNIE-BRUST-KINN-VARIATION »

erleben. Die äußere Form ändert sich, doch das Pulsieren und Vibrieren der Lebenskraft ist immer das Gleiche. So wächst die Erkenntnis, dass alles mit allem verbunden ist. Wir nähern uns der Erfahrung der Einheit des Seins. Verdeutlicht wird dies schon durch die Übersetzung des Wortes Yoga: Einheit. Doch um unsere Ängste und Unsicherheiten zu verstecken, unterwerfen wir uns oder dominieren andere Menschen und Lebensformen. Das gibt uns ein trügerisches Gefühl von Überlegenheit. Durch das Üben der Asanas reinigen wir unser Ego, so dass unsere wahre Kraft zum Vorschein kommen kann. Dadurch finden wir zu einem Gefühl der Ganzheit und Vollständigkeit, das weder durch andere noch auf Kosten anderer entsteht.

ausatmen

_3 KNIE-BRUST-KINN-HALTUNG SEITE 72 »

einatmen

_5 KOBRA SEITE 73 »

ausatmen

_6 NACH UNTEN SCHAUENDER HUND SEITE 70

Nach unten schauender Hund
Adho Mukha Svanasana

In dieser Haltung wird die gesamte Rückseite des Körpers gestreckt. Dabei werden vor allem Ihre Beine und Schultern gekräftigt. Verspannungen in diesen Körperpartien werden ebenso gelöst wie in den Füßen. Sie werden beweglicher. Der Kreislauf wird beruhigt, das Nervensystem leicht angeregt. Körper und Geist werden erfrischt.

_1 Ausgangsposition: Vierfüßlerstand (siehe Seite 59). Halten Sie Arme und Oberschenkel senkrecht, die Mittelfinger zeigen nach vorn.

_2 Ausatmen: Heben Sie langsam die Knie vom Boden ab. Drücken Sie dabei die Hände fest in den Boden. Achten Sie ganz besonders darauf, dass Zeigefinger und Daumen den Kontakt zum Boden nicht verlieren. Strecken Sie die Beine und schieben Sie die Hüfte zur Decke.

_3 In der Haltung: Spreizen Sie die Finger weit auseinander. Der Kopf hängt entspannt nach unten, der Nacken ist lang und ganz locker. Strecken Sie den ganzen Rücken vom Nacken bis zur Lendenwirbelsäule. Drücken Sie die Fersen in Richtung Boden, ohne dabei die Hüfte zu senken. Arme und Knie bleiben gestreckt. Schieben Sie die Sitzknochen Richtung Decke und das Steißbein in Richtung Fersen. Heben Sie den Brustkorb leicht an und vom Kopf weg. Ziehen Sie die Schulterblätter nach innen zu den hinteren Rippen. Schieben Sie den Oberkörper in Richtung der Beine. Dabei drücken Sie die Fersen so gut es geht zum Boden. Pressen Sie die Handballen fest auf den Boden. Strecken Sie die Innenseite der Arme von den Ellbogen bis zu den Schultern.

_4 Aus der Haltung kommen: Einatmen und die Knie zum Boden senken. Beim Ausatmen den Po auf die Fersen zurückschieben und die Kleinkindhaltung einnehmen (siehe Seite 58).

Verweilen Sie für mindestens 5 Atemzüge in dieser Haltung.

beachten

Der Rücken bleibt lang und rundet sich weder in der Brust- noch in der Lendenregion. Anderenfalls beugen Sie die Knie leicht an und bleiben mit gebeugten Beinen in der Haltung.

Schiefe Ebene
Chaturanga Dandasana Variation

Diese Haltung kräftigt den gesamten Körper. Die Arme werden gestärkt, der Armbeuger (Bizeps) gefestigt und die Beweglichkeit in den Handgelenken gefördert. Gleichzeitig hat die Übung eine kräftigende Wirkung auf die Bauchorgane.

_1 Ausgangsposition: Nach unten schauender Hund (siehe linke Seite)

_2 Einatmen: Bewegen Sie die Schultern nach vorn über die Handgelenke. Der ganze Körper ist fest und flach wie ein Brett.

_3 In der Haltung: Strecken Sie die Arme ganz und drücken Sie die Handflächen mit gespreizten Fingern fest in den Boden. Die Beine sind von den Fersen bis zum Po kraftvoll durchgestreckt. Die Fersen schieben dabei nach hinten. Alternativ können Sie auch die Knie auf den Boden senken und dort halten. Der Bauch ist fest. Strecken Sie Wirbelsäule und Oberkörper nach vorn. Die Schultern ziehen Sie nach oben und hinten. Steiß- und Kreuzbein leicht einziehen. Bewegen Sie die Schulterblätter fest zum Brustkorb, während Sie diesen geöffnet halten. Sinken Sie nicht ein und lassen Sie auf keinen Fall den unteren Rücken durchhängen.

_4 Aus der Haltung kommen: Schieben Sie sich beim Ausatmen zurück in den nach unten schauenden Hund (siehe links).

Verweilen Sie für mindestens 5 Atemzüge in dieser Haltung.

Knie-Brust-Kinn-Haltung
Astanga Namaskar

Die Knie-Brust-Kinn-Haltung macht die Brustwirbelsäule beweglicher und weitet gleichzeitig den Brustkorb. Sie hilft bei einem Rundrücken und nach innen gerollten Schultern – einer Fehlhaltung, die vor allem dann auftritt, wenn Sie viel sitzen müssen, und unter der immer mehr Menschen leiden.

_1 Ausgangsposition: Schiefe Ebene (siehe Seite 71)

_2 Ausatmen: Senken Sie den Körper langsam nach unten – zuerst berühren die Knie den Boden, dann kommt die Brust und zuletzt geht das Kinn nach unten.

_3 In der Haltung: Drücken Sie in Brusthöhe die Handflächen mit gespreizten Fingern fest in den Boden (Fingerspitzen zeigen nach vorn). Das Brustbein und das Kinn berühren den Boden. Der Po ist hoch in der Luft gestreckt. Ziehen Sie die Schulterblätter nach unten und in Richtung Brustkorb. Halten Sie dabei den Brustkorb so weit wie möglich geöffnet.

_4 Aus der Haltung kommen: Atmen Sie ein und schieben Sie sich nach vorn in die Kobra (siehe rechte Seite).

Verweilen Sie für mindestens 5 Atemzüge in dieser Haltung.

Kobra
Bhujangasana

Die Kobra stärkt das Selbstbewusstsein und vermittelt innere Stärke. Der Brustkorb wird geweitet, die Vorderseite der Wirbelsäule gedehnt. Die Bauchregion wird geöffnet, was den Rückenstrecker und die Beine stärkt. Die Haltung regt zudem den Kreislauf an und belebt den ganzen Körper.

_1 Ausgangsposition: Sie liegen auf dem Bauch. Beugen Sie die Ellbogen und setzen Sie die Hände so nah wie möglich neben den Hüften auf. Ziehen Sie die Schulterblätter nach hinten und unten. Achtung: Wenn Sie Probleme mit dem unteren Rücken haben, setzen Sie die Handflächen weiter nach vorn. Achten Sie außerdem darauf, dass der Fußspann mittig gegen den Boden drückt.

_2 Einatmen: Heben Sie Kopf, Schultern und Brustkorb leicht an. Bewegen Sie die Rippen etwas nach vorn. So schaffen Sie Raum für die inneren Organe. Die Ellbogen sind eng am Körper.

_3 In der Haltung: Strecken Sie die Beine nach hinten und die Wirbelsäule nach vorn. Den Brustkorb nach vorne wölben. Drücken Sie die Hüfte, die gestreckten Beine und die Füße gegen den Boden. Bewegen Sie das Kreuz- und das Schambein ebenfalls nach unten zum Boden.

_4 Aus der Haltung kommen: Atmen Sie aus und legen Sie dabei den Körper zurück auf den Boden.

Verweilen Sie für mindestens 5 Atemzüge in dieser Haltung.

ausatmen

_1 BERGHALTUNG SEITE 64 »

einatmen

_2 DAUMEN VERHAKEN »

ausatmen

_5 NACH UNTEN SCHAUENDER HUND SEITE 70 »

einatmen

_6 SCHIEFE EBENE SEITE 71 »

Bewegungsfolge 4 Sonnengruß

Surya Namaskar – der yogische Gruß an die Sonne – weckt und erhitzt den ganzen Körper und ist deshalb die ideale Vorbereitung für die Asana-Praxis. Es gibt viele verschiedene Varianten des Sonnengrußes, die alle den Körper mobilisieren und strecken. Die einzelnen Haltungen werden dabei durch den Atemfluss wie Perlen auf einer Kette aneinander gereiht. Der Sonnengruß symbolisiert die perfekte Balance zwischen Anstrengung und Hingabe, Zusammenziehen und Ausweiten, Bewegung und Stille. Er ist eine Formel für das Leben.

ausatmen

_3 TAUCHER DEHNUNG II SEITE 67 »

einatmen

_4 AUSFALLSCHRITT »

ausatmen

_7 LIEGESTÜTZ SEITE 78 »

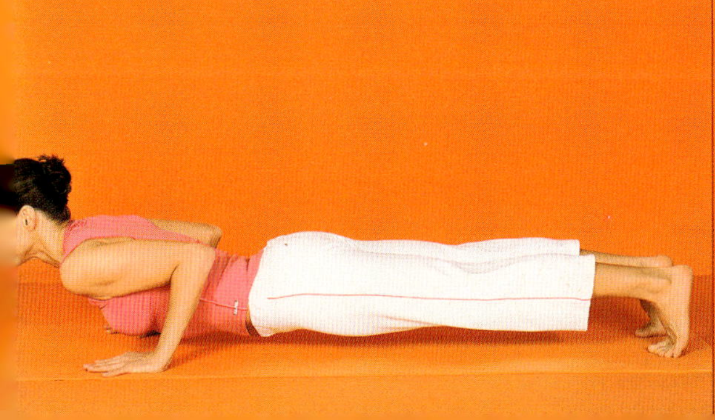

einatmen

_8 NACH OBEN SCHAUENDER HUND SEITE 79 »

ausatmen

_9 NACH UNTEN SCHAUENDER HUND

SEITE 70 »

einatmen

_10 SCHIEFE EBENE

SEITE 71 »

einatmen

_12 KOBRA

SEITE 73 »

ausatmen

_13 ÜBERGANG »

ausatmen

_16 VORWÄRTSBEUGE IM STEHEN »

einatmen

_17 ÜBERGANG »

ausatmen

weiter ausatmen

einatmen

weiter einatmen

ausatmen

Liegestütz
Chaturanga Dandasana

Diese Stellung kräftigt den ganzen Körper – insbesondere die Arme. Die Handgelenke werden beweglicher und die Bauchorgane gestärkt. Durch den Liegestütz spüren wir die Verbindung zur Kraft unserer Körpermitte.

_1 Ausgangsposition: Schiefe Ebene (siehe Seite 71)

_2 Ausatmen: Beugen Sie die Ellbogen eng am Körper und gehen Sie in den Liegestütz.

_3 In der Haltung: Der Körper ist ganz fest und bildet eine gerade Linie. Sie legen den Körper weder auf dem Boden ab noch heben Sie die Hüfte höher als Beine und Oberkörper. Machen Sie die Wirbelsäule und Oberkörper so lang wie möglich. Ziehen Sie die Schultern nach oben und nach hinten. Steiß- und Kreuzbein leicht einziehen. Bewegen Sie die Schulterblätter zu den hinteren Rippen. Heben Sie die Rückseiten der Oberschenkel an und drücken Sie die Oberarme fest gegen die Rippen.

_4 Aus der Haltung kommen: Atmen Sie aus und schieben Sie sich in den nach unten schauenden Hund zurück (siehe Seite 70).

Verweilen Sie für bis zu 5 Atemzüge in dieser Haltung.

Variante: Haben Sie noch nicht so viel Übung, bringen Sie aus dem Hund (Seite 70) die Schultern nach vorn. Dann versuchen Sie es erst einmal mit dem halben Liegestütz (Ardha Chaturanga Dandasana): Senken Sie die Knie auf den Boden. Die Ellbogen liegen eng am Körper. Bauch fest einziehen und den Brustkorb in Richtung Boden senken.

Nach oben schauender Hund
Urdhva Mukha Svanasana

Im nach oben schauenden Hund werden Brustkorb und Schultern gedehnt und steife Fußgelenke gelockert. So wie Sie Ihren Oberkörper gen Himmel strecken, wird auch Ihre Grundstimmung angehoben und die Laune verbessert sich.

_1 Ausgangsposition: Bauchlage oder Liegestütz (siehe linke Seite)

_2 Einatmen: Aus der Bauchlage setzen Sie die Handflächen neben den Brustkorb, heben den Brustkorb und die Oberschenkel und strecken die Arme. Wenn Sie aus dem Liegestütz starten, rollen Sie über die Zehen nach vorn. Die Arme strecken und nach außen drehen.

_3 In der Haltung: Drücken Sie Fußrücken und Handflächen fest in den Boden. Heben Sie Kopf und Brustkorb und wölben Sie den Rücken zwischen den Armen nach vorn. Brustbein anheben und die Schulterblätter nach innen ziehen. Halten Sie Taille, Hüfte und Knie etwa 10 Zentimeter über dem Boden. Bringen Sie Steiß- und Kreuzbein nach vorn. Spannen Sie dabei den Po nur leicht an. Halten Sie die Beine gestreckt und heben Sie die Innenseiten der Beine an. Strecken Sie die Vorderseite des Körpers vom Schambein aus und heben Sie Brustbein und Rippen an. Den Kopf nach oben nehmen und den Hals dehnen, den Nacken aber nicht zu sehr zusammendrücken. Rollen Sie die Schultern zurück und bringen Sie die Schulterblätter und Wirbelsäule nach innen.

_4 Aus der Haltung kommen: Beim Ausatmen schieben Sie sich zurück in den nach unten schauenden Hund (siehe Seite 70).

Verweilen Sie für bis zu 5 Atemzüge in dieser Haltung.

2. Thema: Standfestigkeit, Sicherheit und Stärke

Was haben wir nicht alles erreicht: Wir können wählen, wo wir leben wollen und mit wem. Wir können in wenigen Stunden von einem Ort der Welt zu einem anderen reisen. Wir können heute das tun und morgen etwas völlig anderes. Es lebe die Veränderung! Aber durch die Bedingungen in unserer modernen Gesellschaft haben viele Menschen auch den Bezug zur Erde verloren. Sie sind entwurzelt. Und darunter leidet nicht nur jeder Einzelne, sondern der ganze Planet – die Welt gerät aus den Fugen. Werden wir uns dieser Entwurzelung bewusst, spüren wir, wie unsere Beine zu zittern beginnen. Sie, die eigentlichen Wurzeln des Menschen, sind unsicher.

Wenn wir sicher sein wollen, müssen wir zu unseren Wurzeln zurückkehren. Denn die Erde ist die Mutter aller Dinge. Die Verbindung mit ihr ist die Verbindung zum Leben. Indem wir Kontakt zu ihr herstellen, treten wir in Verbindung mit unserem Körper. Sind wir fest in der Erde verwurzelt, werden wir ganz ruhig. Wir haben zu unserer Mitte gefunden und stehen mit beiden Beinen fest auf dem Boden. Und genau darauf kommt es an. Um diese Standfestigkeit zu erreichen, können wir einiges tun.

Im Yoga werden jene Qualitäten, die unser Leben ausmachen, mit den Begriffen Sthira (Stabilität und Bewusstheit) und Sukham (Leichtigkeit und Wohlgefühl) bezeichnet. In den Yoga-Sutren des Patanjali findet sich folgender Rat für die Ausführung der Asanas: »Die Asana als Verbindung zur Erde soll zugleich fest und stabil als auch bequem und glücklich sein.«

Übungsfolge 2: Fest im Leben stehen

Das Üben von Yogahaltungen (Asanas) eignet sich hervorragend dazu, eine gute Beziehung zur Erde und allem Leben darauf aufzubauen. Doch damit unsere Beziehung zur Schöpfung stabil und von Glück geprägt sein kann, muss sie wechselseitig positiv sein. So besagt es die Yogaphilosophie. Wie wir die Welt um uns herum behandeln, wie wir uns gegenüber allen Lebewesen verhalten, entscheidet also über unser eigenes Glück als Mitglied der universalen Lebensgemeinschaft.
Die nächsten Übungen helfen Ihnen, mehr Kraft in den Beinen aufzubauen. Die Folgen davon sind Stärke, Klarheit und wahrhaftiges Selbstvertrauen. Wenn Sie durch Ihren Körper die Verbindung zur Erde spüren, gewinnen Sie Zuversicht, Gelassenheit und innere Ruhe. Damit sinkt die Wahrscheinlichkeit, dass Sie sich selbst und andere durch negative Gedanken, Worte oder Taten verletzen. Und nur wenn wir fest im Leben verwurzelt sind, können wir in den Himmel wachsen.
Stehende Haltungen helfen, uns sowohl mit dem Boden, auf dem wir stehen als auch mit der Erde, die uns trägt, zu verbinden. Wir schaffen mit ihnen eine solide Basis für die Übungspraxis und erlangen jene Kombination aus Balance, Kraft und Beweglichkeit, die wir brauchen, um den Anforderungen des täglichen Lebens erfolgreich entgegentreten zu können. Sind die Füße fest im Boden verwurzelt, kann uns so leicht nichts mehr aus der Bahn werfen.
Die zweite Übungsfolge umfasst zwei Bewegungsfolgen:

- Bewegungsfolge 5: Gedrehte kraftvolle Haltung (siehe Seite 82 f.)
- Bewegungsfolge 6: Kriegers Dreieck (siehe Seite 84 ff.)

»Solange ihr nicht durch eure Fußsohlen atmet, seid ihr nicht meine Schüler. Atmet von den Fußsohlen.«

Laotse

Freiheit auch für die Füße: Üben Sie am besten ohne Socken.

Barfuß üben

Verzichten Sie beim Yoga immer auf Schuhe und Socken. Üben Sie stattdessen barfuß. Nur so spüren Sie den direkten Kontakt zwischen Ihren Füßen und der Erde. Das Gleichgewicht zwischen Ihnen und dem Planeten wird hergestellt. Und das erdet. Schon nach kurzer Zeit werden Sie spüren, welch unglaubliche Energie und Kraft in Ihren Beinen steckt. Warum nutzen Sie sie nicht?
Gleichzeitig bekommen Sie durch das Barfußüben eine leichte Fußmassage, die alle Nerven und Reflexpunkte der Fußsohlen stimuliert. Und das wiederum regt sämtliche Organe des Körpers an.

Bewegungsfolge 5

Gedrehte kraftvolle Haltung

Wie oft befanden Sie sich schon in einer emotional oder physisch herausfordernden Situationen? Und haben mutlos aufgegeben, weil Sie sich nicht zugetraut haben, das Problem zu lösen? Dabei kann es oft hilfreich sein, nicht einfach den Kopf in den Sand zu stecken, sondern stattdessen den höheren Willen hinter einer Sache zu suchen und zu akzeptieren. Es gibt ein wunderschönes Gebet des Heiligen Franz von Assisi: »Lieber Gott, bitte gib mir die Kraft, das zu ändern, was ich ändern kann. Gib mir die Gelassenheit zu akzeptieren, was ich nicht ändern kann. Und gib mir die Weisheit, das eine vom anderen zu unterscheiden.«
Nehmen Sie den Rat als Leitspruch mit in Ihr Leben und rufen Sie ihn sich immer wieder in Erinnerung, wenn es knifflig wird. Gestehen Sie sich zu, Antworten schuldig zu bleiben. Wenn Sie nicht immer eine Lösung finden müssen, lässt sich jede Schwierigkeit bewältigen.

ausatmen + 5 Atemzüge halten

_3 GEDREHTE KRAFTVOLLE HALTUNG SEITE 86 »

ausatmen

_1 BERG-HALTUNG SEITE 64 »

einatmen

_2 KRAFTVOLLE HALTUNG SEITE 65 »

einatmen

_4 KRAFTVOLLE HALTUNG SEITE 65 »

ausatmen

_5 BERGHALTUNG SEITE 64

Bewegungsfolge 6

Kriegers Dreieck

Die Schatzsuche eines Yogi-Kriegers ist dreifaltig: Er sucht nach Wahrheit, Liebe und Schönheit in allem was ihn umgibt. Wenn wir den göttlichen Funken nicht in allem und überall sehen können, dann werden wir ihn niemals finden. Wer ihn jedoch erst einmal entdeckt hat, dessen Leben wird reich und erfüllt sein von der Kraft. Dann haben Angst und Unsicherheit keine Basis mehr und wir werden zu freien Lebewesen inmitten freier Lebewesen.

ausatmen + 5 Atemzüge halten

_3 KRIEGER II SEITE 88 »

einatmen

_4 ÜBERGANG »

ausatmen + 5 Atemzüge halten

_7 GESTRECKTE FLANKENDEHNUNG SEITE 90 »

einatmen

_8 ÜBERGANG »

ausatmen

_1 NACH UNTEN SCHAUENDER HUND SEITE 70 »

einatmen + 5 Atemzüge halten

_2 KRIEGER I SEITE 87 »

ausatmen + 5 Atemzüge halten

_5 GESTRECKTES DREIECK SEITE 89 »

einatmen

_6 ÜBERGANG »

ausatmen + 5 Atemzüge halten einatmen

_9 FLANKENDEHNUNG SEITE 91 »

ausatmen + 5 Atemzüge halten

_10 NACH UNTEN SCHAUENDER HUND SEITE 70

Gedrehte kraftvolle Haltung
Parivritta Utkatasana

Wie in der kraftvollen Haltung (siehe Seite 65) werden die Beinmuskeln und Knöchel gestärkt, wobei die Drehung des Oberkörpers die Wirkung noch verstärkt. Da die Energiezirkulation stark angeregt wird, wirkt diese Übung besonders anregend und belebend.

_1 Ausgangsposition: Kraftvolle Haltung (siehe Seite 65)

_2 Ausatmen: Falten Sie die Handflächen wie zum Gebet und senken Sie sie zur Mitte des Brustkorbs. Drehen Sie den Oberkörper langsam nach rechts.

_3 In der Haltung: Drücken Sie die Knie fest aneinander, während Sie die Fersen in den Boden pressen. Heben Sie den Bauch von der Hüfte aus leicht an. Die Knie bleiben tief gebeugt, die Hüften parallel. Strecken Sie die Wirbelsäule und drehen Sie den ganzen Oberkörper vom Brustkorb aus noch weiter zur Seite. Halten Sie dabei den Kopf in Verlängerung der Wirbelsäule und richten Sie den Blick zur Decke.

_4 Aus der Haltung kommen: Atmen Sie ein und drehen Sie sich zurück zur Mitte, bis Sie wieder in die kraftvolle Haltung kommen.

Verweilen Sie für mindestens 5 Atemzüge in dieser Haltung. Wiederholen Sie sie dann noch einmal mit der anderen Seite.

beachten

Drehen Sie sich immer erst zur rechten Seite, um die Darmbewegung zu unterstützen, die ebenfalls von rechts nach links verläuft.

Krieger I
Virabhadrasana I

Die Kriegerhaltungen kräftigen und stärken in erster Linie die Gelenke und Muskeln der Beine. Die Brust sowie die Bauch- und Beckenorgane werden belebt. Die erste Krieger-Variation stimuliert darüber hinaus die Schilddrüse und hilft bei Verdauungsproblemen.

_1 Ausgangsposition: Nach unten schauender Hund (siehe Seite 70)

2 Einatmen: Stellen Sie ein Bein zwischen die Hände. Drehen Sie den hinteren Fuß etwas nach vorn ein. Vorderes Bein um 90 Grad beugen und den Oberkörper heben. Handflächen aneinander legen und Arme nach oben strecken.

_3 In der Haltung: Heben Sie die vordere Hüfte leicht an. Der hintere Fuß ist etwa 60 Grad nach innen gedreht, das hintere Bein ganz gestreckt. Ziehen Sie den Oberschenkel des hinteren Beins nach oben. Der Innenknöchel und die Innenseite des Fußgewölbes sind gehoben, die Fußaußenseite drückt zum Boden. Steiß- und Kreuzbein senkrecht zum Boden halten. Mit jeder Einatmung Oberkörper und Arme nach oben verlängern. Dabei heben Sie Flanken und Bauch. Der Blick geht zu den Daumen. Die Schultern nach unten und hinten ziehen. Schulterblätter nach innen bewegen und die hinteren Rippen heben, um den Brustkorb zu öffnen.

_4 Aus der Haltung kommen: Beim Ausatmen die Hände rechts und links des Vorderfußes auf den Boden setzen und zurück in den nach unten schauenden Hund gehen (siehe Seite 70).

Verweilen Sie für mindestens 5 Atemzüge in dieser Haltung. Wiederholen Sie sie dann noch einmal mit der anderen Seite.

Ein Held und ein Feigling fühlen die gleichen Ängste. Der Unterschied: Der Held geht trotzdem mutig weiter. Der Feigling nicht.

Krieger II
Virabhadrasana II

Die zweite Krieger-Variation wirkt auf ähnliche Weise wie Krieger I. Zusätzlich fördert sie jedoch auch die Beweglichkeit in den Fußgelenken, den Knien und der Hüfte, im Rücken, in den Schultern und im Nacken.

_1 Ausgangsposition: Krieger I (siehe Seite 87)

_2 Ausatmen: Öffnen Sie die Arme und die Hüften. Die Knie bleiben gebeugt.

_3 In der Haltung: Beugen Sie das rechte Knie um 90 Grad. Öffnen Sie die Arme in Schulterhöhe zur Seite und drehen Sie den Kopf nach rechts. Der Blick richtet sich zur vorderen Hand. Die Hüften sind parallel. Das vordere Knie liegt in einer Linie zur Mitte der vorderen Ferse. Drücken Sie die Ferse gleichmäßig in den Boden. Heben Sie den hinteren Innenknöchel an und drehen Sie die Innenseite des hinteren Beins nach außen. Ziehen Sie Steiß- und Kreuzbein nach oben und innen. Strecken Sie die Wirbelsäule und die Körperseiten. Halten Sie die Arme waagerecht. Sie sind bis in die Fingerspitzen kraftvoll gestreckt. Das Zentrum des Oberkörpers ist aufgerichtet und der Brustkorb angehoben.

_4 Aus der Haltung kommen: Atmen Sie aus, setzen Sie die Hände rechts und links des vorderen Fußes auf den Boden und gehen Sie zurück in den nach unten schauenden Hund (siehe Seite 70).

Verweilen Sie für mindestens 5 Atemzüge in dieser Haltung. Wiederholen Sie sie dann noch einmal auf der anderen Seite.

beachten

Das Knie sollte nicht über die Zehenspitzen reichen. Anderenfalls machen Sie einen etwas größeren Schritt. Wenn Sie zum vorderen Fuß schauen, sollten Sie Ihre große Zehe sehen. Wenn nicht, bringen Sie das Knie mehr zur Seite. Achten Sie dabei darauf, dass Knie und Knöchel in einer Linie liegen.

Gestrecktes Dreieck
Utthita Trikonasana

Das gestreckte Dreieck kräftigt die Beine und öffnet die Hüften. Regelmäßig geübt hilft es, Rückenschmerzen zu lindern. Denn nur wenn Beine und Becken richtig stehen, hat die Wirbelsäule eine starke Basis.

_1 Ausgangsposition: Krieger II (siehe links)

_2 Einatmen: Strecken Sie das rechte Bein und ziehen Sie die rechte Körperhälfte lang. Beim Ausatmen die rechte Hand auf das Schienbein legen. Den anderen Arm nach oben strecken.

_3 In der Haltung: Der rechte Fuß zeigt gerade nach vorn, der linke Fuß ist um 20 Grad nach innen gedreht. Strecken Sie beide Arme bis in die Fingerspitzen. Die rechte Ferse befindet sich in einer Linie mit der Mitte des linken Fußes. Die Kniescheiben liegen auf einer Linie mit der Fußmitte. Drehen Sie die Innenseiten der Beine nach außen. Schieben Sie die rechte Poseite leicht nach hinten zur Ferse. Schulterblätter und hintere Rippen bewegen Sie dabei nach innen. Der Blick geht zum oberen Daumen. Der Körper ist flach, als würde er zwischen zwei Glasscheiben gepresst. Kopf und Wirbelsäule liegen auf einer Linie. Ziehen Sie die gesamte Wirbelsäule ganz lang.

_4 Aus der Haltung kommen: Beim Einatmen den Oberkörper heben. Beim Ausatmen das vordere Knie beugen, die Hände rechts und links des Vorderfußes aufsetzen und zurück in den nach unten schauenden Hund gehen (Seite 70).

Verweilen Sie für mindestens 5 Atemzüge in dieser Haltung. Wiederholen Sie sie dann noch einmal mit der anderen Seite.

beachten

Haben Sie Nackenprobleme, richten Sie den Blick nicht zu den Daumen, sondern zum vorderen Fuß. Das entlastet die Halswirbelsäule.

Gestreckte Flankendehnung
Utthita Parsvakonasana

Diese Haltung stärkt wie die meisten stehenden Haltungen die Beine und hilft dabei, die Hüften zu öffnen. Außerdem werden die Fußknöchel gekräftigt und der Brustkorb gedehnt – ebenso wie die gesamte Körperseite vom Fuß bis in die Fingerspitzen.

_1 Ausgangsposition: Krieger II (Seite 88)

_2 Ausatmen: Setzen Sie die rechte Hand auf der Außenseite des rechten Fußes ab.

_3 In der Haltung: Beugen Sie das rechte Bein zum rechten Winkel. Legen Sie die rechte Hand auf die Außenseite des rechten Fußes. Strecken Sie den linken Arm über den Kopf. Die Handfläche zeigt nach unten. Das rechte Knie ist über dem Fußgelenk. Drücken Sie den rechten Oberschenkel und den rechten Oberarm gegeneinander. Rechte Ferse und linkes Fußgewölbe bilden eine Linie. Halten Sie den Rücken in einer Ebene. Drücken Sie die rechte Pohälfte nach hinten zur Ferse. Heben Sie die linke Hüfte leicht an und zurück. Bewegen Sie Schulterblätter und hintere Rippen nach innen, um den Brustkorb sanft anzuheben. Die Außenseite des linken Fußes drücken Sie fest in den Boden. Dabei das linke Bein strecken und den Oberkörper zur Decke, Kreuzbein und Wirbelsäule nach innen drehen.

_4 Aus der Haltung kommen: Beim Ausatmen setzen Sie die Hände rechts und links des vorderen Fußes auf den Boden und gehen zurück in den nach unten schauenden Hund (Seite 70).

Verweilen Sie für mindestens 5 Atemzüge in dieser Haltung. Wiederholen Sie sie dann noch einmal mit der anderen Seite.

Variante

Variante: Ist Ihre Hüfte (noch) nicht beweglich genug, stützen Sie die Hand nicht auf den Boden, sondern legen den Arm auf das abgewinkelte Bein.

Flankendehnung
Parsvottanasana

Die Flankendehnung kräftigt und massiert die Bauchorgane. Sie stärkt die Galle und verbessert den Blutfluss zu Gehirn, Kopf, Nacken und den endokrinen Drüsen. Wenn Sie regelmäßig üben, können Sie Schilddrüsenprobleme, Schlaflosigkeit und Migräne lindern.

_1 Ausgangsposition: Nach unten schauender Hund (siehe Seite 70)

_2 Einatmen: Bringen Sie den rechten Fuß zwischen die Hände. Mit der Ausatmung strecken Sie das Bein so weit es geht. Beim Einatmen ziehen Sie die Wirbelsäule lang. Beim Ausatmen beugen Sie sich über das gestreckte Bein.

_3 In der Haltung: Bewegen Sie das Kinn in Richtung Schienbein. Drehen Sie das linke Bein und den linken Fuß um etwa 60 Grad nach innen. Der rechte Fuß zeigt gerade nach vorn. Verankern Sie ihn über der großen Zehe fest im Boden und drücken Sie die hintere Ferse nach unten. Die Außenkante des linken Fußes drückt fest in den Boden. Vermeiden Sie, in der Hüfte des rechten Beins zu sinken, und achten Sie darauf, dass die Hüften parallel bleiben. Mit jeder Einatmung ziehen Sie die Wirbelsäule vom Bauchnabel aus länger und heben das Brustbein an. Mit jeder Ausatmung beugen Sie sich tiefer nach vorn.

_4 Aus der Haltung kommen: Atmen Sie aus, beugen Sie das vordere Knie und gehen Sie zurück in den nach unten schauenden Hund (siehe Seite 70).

Verweilen Sie für mindestens 5 Atemzüge in dieser Haltung. Wiederholen Sie sie dann noch einmal mit der anderen Seite.

»Yoga ist ein spiritueller Weg, der zu absolutem Glück führt.«

David Life

3. Thema: Loslassen und Hingabe

Die meisten Neurosen haben nur einen Grund: Perfektionswahn. Dabei kann kein Mensch vollkommen sein. Und er braucht es auch gar nicht zu sein. Das Leben ist ja so schön, gerade weil es nicht perfekt ist. Vollkommenheit heißt Stillstand, Leben dagegen ist Bewegung. Nur auf Grund der Unvollkommenheit ist Wachstum möglich. Lassen Sie sich deshalb vom Leben in Besitz nehmen. Stemmen Sie sich nicht gegen den Fluss, sondern schwimmen Sie mit ihm. Lassen Sie sich treiben.

Stattdessen sind viele Menschen immer auf der Jagd, immer hinter etwas (oder jemandem) her. Versuchen immer mehr aus dem Leben herauszuholen. Sie sind bemüht, das Leben mehr und mehr auszupressen. Dabei lässt sich das Leben nicht erzwingen. Wir müssen uns ihm hingeben.

Auch wenn Sie meinen, alles im Griff zu haben: Sie irren sich. Befreien Sie sich von dieser Illusion. Es geht darum, zu sein. Sich vom Dann und Dort zu lösen und im Hier und Jetzt zu leben. Alles loszulassen wird Ihnen helfen, endlich in Ihrem Körper anzukommen, sich zu sensibilisieren und Ihre Wahrnehmung für die Schönheit des Lebens zu schärfen. Sie beginnen, sich zu achten, Ihr eigenes Ding zu machen. Sie erkennen, dass Sie niemanden nachahmen müssen, Sie werden authentisch. Und in dem Moment, in dem Sie sich selbst annehmen, erleben Sie sich als Teil eines großen Ganzen. Sie spüren, wie alles zusammenhängt, wie eins das andere bedingt. Jetzt erst fangen Sie an, die Natur um sich, die anderen Menschen, das Leben mit allen Sinnen zu genießen.

Wirkliche Feundschaft, Partnerschaft und Liebe sind nur möglich, wenn wir in uns selbst ruhen.

Yoga hilft aber auch, das kreative Potenzial zu erwecken, das in jedem von uns steckt.

Übungsfolge 3: Vom Egotrip zur Hingabe

Die Bewegungen der nächsten Übungsfolge machen sehr schnell deutlich, dass Sie mit Ehrgeiz allein im Yoga nicht weit kommen. Sich zu bemühen und gleichzeitig die eigenen Grenzen zu akzeptieren – indem Sie das Gleichgewicht zwischen diesen beiden Polen finden, kommen Sie voran.

Die dritte Übungsfolge umfasst zwei Bewegungsfolgen:

- Bewegungsfolge 7: Hingabe (Seite 94 ff.)
- Bewegungsfolge 8: Loslassen (Seite 98 ff.)

Ein besonderes Augenmerk liegt bei beiden Sequenzen auf der Ausatmung. Wenn Sie diese verstärken, hilft sie, die Stellungen tiefer zu erfahren. Denn über das Ausatmen lernen Sie loszulassen und leer zu werden. So kann Raum für Neues entstehen. Und das ist bei den nächsten Übungen besonders wichtig. Denn im Beckenbereich speichert unser Körper Verspannungen, die unsere Kreativität, Sexualität und Beziehungsfähigkeit blockieren. Ein unglaubliches Reservoir an kreativer Kraft schlummert dort unten und wartet nur darauf, befreit zu werden. Mit den Übungen auf den nächsten Seiten aktivieren Sie darüber hinaus den Stoffwechsel, die Nieren und die Bauchorgane. Die Wirbelsäule wird beweglich, die Hüften geschmeidig. Prana, unsere Lebensenergie, steigt auf. Kundalini, die ins uns schlummernde, spirituelle Energie, wird geweckt.

Bewegungsfolge 7 Hingabe

In der Hingabe liegt die Kraft, Dinge zu akzeptieren, wie sie sind. Nur so können wir sie bei Bedarf verändern. Wenn wir aufhören, gegen das Leben zu kämpfen, und uns ihm stattdessen hingeben, verbinden wir uns mit dem grenzenlosen Potenzial. Hingabe bedeutet nicht, dass wir uns bedingungslos ausliefern. Im Gegenteil: Wir werden stärker und gelassener, weil wir in uns selbst ruhen und diese Kraft auch nach außen ausstrahlen.

ausatmen

ausatmen

einatmen

einatmen

ausatmen + 5 Atemzüge halten

einatmen

ausatmen + 5 Atemzüge halten

Drehsitz
Ardha Matsyendrasana

Der Drehsitz hilft gegen Kopfweh und Rückenschmerzen, steifen Nacken und steife Schultern. Die Wirbelsäule wird beweglich, die Hüften werden geschmeidig. Nieren und Bauchorgane werden aktiviert, was den Entgiftungsprozess fördert und den Stoffwechsel anregt.

_1 Ausgangsposition: Nach unten schauender Hund (siehe Seite 70)

_2 Einatmen: Bringen Sie den rechten Fuß zwischen die Hände. Mit der Ausatmung stellen Sie das hintere Knie an der Außenseite des vorderen Fußes auf und setzen sich in den Drehsitz.

_3 In der Haltung: Drücken Sie die rechte Fußsohle fest auf den Boden. Wenn es die Beweglichkeit Ihrer Hüfte erlaubt, lassen Sie das linke Bein angewinkelt. Ansonsten strecken Sie es aus. Mit der Einatmung richten Sie die Wirbelsäule auf, beim Ausatmen drehen Sie den Oberkörper nach rechts. Beugen Sie den linken Ellbogen und drücken Sie ihn gegen die Außenseite des rechten Beins. Drehen Sie den Kopf weit nach rechts. Zwerchfell anheben, Wirbelsäule und Schulterblätter nach innen nehmen. Mit jedem Einatmen ziehen Sie die Wirbelsäule ganz lang. Mit jeder Ausatmung drehen Sie den Brustkorb und den Bauch weiter zur Seite.

_4 Aus der Haltung kommen: Beim Einatmen das obere Bein zurückschwingen, die Hände rechts und links des vorderen Fußes auf den Boden stellen und sich zurück in den nach unten schauenden Hund drücken (Seite 70).

Verweilen Sie für mindestens 5 Atemzüge in dieser Haltung. Wiederholen Sie sie dann noch einmal mit der anderen Seite.

beachten

Sitzen Sie bewusst aufrecht. Ziehen Sie sich mehr in die Länge, als Sie sich zur Seite drehen. Atmen Sie gleichmäßig. Halten Sie den Atem nicht an, auch wenn Sie sich stark konzentrieren müssen.

Knöchel-auf-Knie-Haltung
Dwi Pada Rajakapotasana

Übungen im Sitzen – allen voran die Vorwärtsbeugen – wirken beruhigend. In Kombination mit einer tiefen Atmung fördern sie einen meditativen Zustand der Gelassenheit. Der durch die Streckung erzeugte Freiraum in den Hüften hat einen belebenden Effekt. Denn in diesem Bereich sitzen oft besonders hartnäckige Verspannungen. Ist die gefangene schöpferische Qualität aber erst einmal freigesetzt, kann sie sich entfalten.

_1 Ausgangsposition: Drehsitz (siehe links)

_2 Einatmen: Legen Sie den rechten Knöchel auf dem linken Knie ab und das rechte Knie auf dem linken Knöchel.

_3 In der Haltung: Beugen Sie das linke Bein zum rechten Winkel. Beide Schienbeine befinden sich parallel zum Mattenrand in einer Linie. Mit der Einatmung richten Sie den Oberkörper auf. Beugen Sie sich mit der Ausatmung nach vorn über die Beine. Drehen Sie dabei die Oberschenkel nach außen. Ziehen Sie die Zehen leicht an, um das innere Knie zu schützen. Achten Sie darauf, die Wirbelsäule zu verlängern. Ist die Vorwärtsbeuge noch zu schwer, können Sie auch aufrecht sitzen bleiben.

_4 Aus der Haltung kommen: Wenn Sie einatmen, schwingen Sie das obere Bein zurück und setzen die Hände rechts und links des vorderen Fußes auf den Boden auf. Kehren Sie mit der Ausatmung zurück in den nach unten schauenden Hund (siehe Seite 70).

Verweilen Sie für mindestens 5 Atemzüge in dieser Haltung. Wiederholen Sie sie dann noch einmal mit der anderen Seite.

Bewegungsfolge 8 Loslassen

Man kann Yoga nicht »machen«. Schließlich ist Yoga Ausdruck dessen, was wir wirklich sind. Yoga ist der natürliche Zustand unseres Daseins. Was wir jedoch machen können, sind die Yogaübungen (Asanas). Sie zeigen uns, wo wir dem natürlichen Zustand Widerstand leisten, an welchen Stellen uns Blockaden daran

einatmen | ausatmen | einatmen

_1 STAB SEITE 100 »

_2 ÜBERGANG »

ausatmen | einatmen | ausatmen + 5 Atemzüge halten

_5 ÜBERGANG »

_6 GEBUNDENE WINKELHALTUNG SEITE 102 »

hindern, frei und glücklich zu werden, eins zu sein mit der Natur. Was genau aber ist der natürliche Zustand, zu dem Yoga uns führen will? Es ist die unendiche Freude am Leben!

Alle Yogapraktiken sind Methoden des Loslassens. Denn wer nur besitzen will, entfernt sich immer mehr von seinem innersten Selbst. Lassen Sie dagegen alles los, was Sie loslassen können, kommt Ihr reines Inneres ganz von allein zum Vorschein. Alles Überflüssige und Falsche fällt ab und die wahre Natur tritt hervor: Freude und Frieden.

ausatmen + 10 Atemzüge halten

_3 VORWÄRTSBEUGE IM SITZEN SEITE 101 »

einatmen

_4 STAB SEITE 100 »

einatmen ausatmen

_7 ÜBERGANG »

einatmen + 5 Atemzüge halten

_8 TISCHHALTUNG SEITE 103

Stab
Dandasana

Diese Haltung kräftigt die Rücken-, Brust- und Beinmuskulatur. Sie verbessert die Sitzhaltung und hilft bei einem runden Rücken. Darüber hinaus stärkt Dandasana die Willenskraft und fördert emotionale Stabilität. Sie ist die Ausgangsposition für alle Vorwärtsbeugen im Sitzen.

_1 Ausgangsposition: Am Boden sitzen.

_2 Eintamen: Strecken Sie die Beine auf dem Boden aus und richten Sie die Wirbelsäule auf.

_3 In der Haltung: Ziehen Sie die Pobacken nach hinten, bis Sie deutlich spüren können, dass Sie auf den Sitzbeinen sitzen. Bringen Sie Oberschenkel, Knie und Füße zusammen. Ziehen Sie die Zehen Richtung Oberkörper und dehnen Sie die Fußsohlen. Die Oberschenkel zum Boden drücken, dabei die Taille heben. Die Handflächen liegen neben den Hüften am Boden, die Finger zeigen nach vorn. Heben Sie den Brustkorb und strecken Sie die Arme durch. Die Schultern nach hinten ziehen, den Bauch nach oben und innen heben. Halten Sie die Augen und die Gesichtsmuskeln entspannt.

_4 Aus der Haltung kommen: Atmen Sie aus und nehmen Sie eine entspannte Körperhaltung ein.

Verweilen Sie für mindestens 5 Atemzüge in dieser Haltung.

»Wahre Stärke und Präsenz ist eine ruhige, entspannte, geduldige Durchsetzung des eigenen Seins.«
Dr. Günther Bayer

Vorwärtsbeuge im Sitzen
Pascimottanasana

Diese Haltung streckt die gesamte Körperrückseite und belebt dadurch das Nervensystem. Kein Organ der Bauchhöhle entgeht der anregenden Wirkung der Vorwärtsbeuge. Der Blutstrom und der Fluss der Lymphe werden angeregt, was sich positiv auf die Immunkraft auswirkt. Halten Sie die Stellung länger als fünf Minuten, erhöht sich das Energieniveau. Drohende Krankheiten können abgewehrt werden. Gleichzeitig wirkt Pascimottanasana beruhigend auf das Herz und die Drüsen der Nebennieren. Wenn Sie die Stirn auf die Knie ablegen, beruhigt sich der aktive, vordere Bereich des Gehirns.

_1 Ausgangsposition: Stab (siehe linke Seite)

_2 Austamen: Strecken Sie sich nach vorn.

_3 In der Haltung: Beugen Sie die Knie und fassen Sie die Außenseite der Füße. Lassen Sie den Kopf entspannt hängen. Der Bauch berührt die Oberschenkel. Die Beine rollen nicht nach außen, der Rücken ist ganz lang. Mit jeder Einatmung öffnen Sie den Brustkorb etwas mehr und verlängern die Wirbelsäule. Mit jeder Ausatmung beugen Sie sich weiter nach vorn über die Beine, bis diese schließlich weitmöglichst gestreckt sind und der Oberkörper auf den Oberschenkeln liegt. Nehmen Sie sich viel Zeit. Halten Sie den Rükken immer lang und atmen Sie tief.

_4 Aus der Haltung kommen: Atmen Sie ein, heben Sie den Oberkörper an und beugen Sie die Beine. Ziehen Sie die Knie zum Brustkorb und strecken Sie den Oberkörper.

Verweilen Sie für mindestens 10 Atemzüge in dieser Haltung.

Variante

Variante: Beugen Sie die Knie so weit, dass Sie Ihre Füße fassen können. Legen Sie eine gefaltete Decke auf die Beine und legen Sie Ihre Stirn darauf ab. Eventuell auch eine Decke unter die Knie legen.

Gebundene Winkelhaltung
Baddha Konasana

Diese Haltung fördert wie kaum eine andere die Durchblutung von Unterleib, Becken und Rücken. Dadurch können arthritische Beschwerden in der Hüfte und im Becken gelindert werden. Frauen fördern mit dieser Übung die Gesundheit ihrer Eierstöcke und können Unregelmäßigkeiten in der Menstruation regulieren.

_1 Ausgangsposition: Setzen Sie sich auf den Boden und ziehen Sie die Knie zur Brust.

_2 Ausatmen: Öffnen Sie beide Knie zur Seite.

_3 In der Haltung: Legen Sie die Außenkanten der Fußsohlen aneinander. Ziehen Sie die Fersen Richtung Schambein. Öffnen Sie mit den Händen die Fußsohlen, als würden Sie ein Buch aufschlagen. Mit der Einatmung richten Sie die Wirbelsäule auf, mit der Ausatmung beugen Sie den Oberkörper nach vorn über die Beine. Drücken Sie mit den Ellbogen die Oberschenkel leicht nach unten. Heben Sie mit jeder Einatmung den Brustkorb und ziehen Sie die Wirbelsäule länger. Mit jeder Ausatmung bringen Sie sich tiefer zum Boden. Öffnen Sie den Brustkorb, indem Sie die Wirbelsäule in den Körper hinein und die Rippen vom Brustbein weg zur Seite ziehen. Die Schulterblätter zueinander bewegen. Bringen Sie erst die Stirn und dann das Kinn zum Boden.

_4 Aus der Haltung kommen: Beim Einatmen heben Sie den Oberkörper an und stellen die Füße hüftbreit auseinander am Boden auf.

Verweilen Sie für mindestens 5 Atemzüge in dieser Haltung.

beachten

Wenn Sie Schwierigkeiten haben, die Wirbelsäule aufzurichten, setzen Sie sich auf eine oder mehrere Decken. Benutzen Sie so viele Decken, bis Sie das Kreuzbein ohne große Anstrengung nach innen und oben bewegen können. Wenn die Knie weit in der Luft sind, legen Sie Decken unter die Knie. Dadurch können die Hüftgelenke besser loslassen.

Tischhaltung
Purvottanasana Variation

Diese Stellung stärkt und dehnt Arme und Bauch, Oberschenkelvorderseite, Leisten und Hals. Sie ist deshalb ein guter und notwendiger Ausgleich zu den vorangegangenen Vorwärtsbeugen und Hüftöffnungen. Die Tischhaltung hat eine positive Wirkung auf Ihre Willenskraft und verbessert Ihre Fähigkeit, auch schwierige Situationen zu meistern.

_1 Ausgangsposition: Sie sitzen auf dem Boden. Stellen Sie die Füße so auf den Boden, dass Knie und Knöchel auf einer Linie liegen.

_2 Einatmen: Nehmen Sie das Kinn zur Brust Die Schultern ziehen Sie nach hinten, unten und zurück. Pressen Sie Hände und Füße fest in den Boden und heben Sie die Hüften.

_3 In der Haltung: Beugen Sie beide Knie. Die Füße stehen parallel zueinander und sind hüftbreit geöffnet. Die Hände liegen unter den Schultern, die Finger zeigen nach vorn. Heben Sie Po und Hüfte so weit vom Boden, dass sie auf einer Linie mit den Schultern liegen. Mit einer Ausatmung legen Sie den Kopf in den Nacken, ohne diesen zu sehr zusammenzustauchen. Hände und Füße drücken Sie fest in den Boden. Die Arme halten Sie möglichst gestreckt.

_4 Aus der Haltung kommen: Beim Einatmen heben Sie den Kopf an und senken dann mit der nächsten Ausatmung den Po zum Boden. Legen Sie den Kopf auf den Knien ab.

Verweilen Sie für mindestens 5 Atemzüge in dieser Haltung.

4. Thema: Angst überwinden

Jeder Mensch hat Angst. Am meisten dann, wenn seine ganz persönliche Ordnung aus den Fugen zu geraten droht. Doch das Leben ist ausgesprochen dynamisch. Laufend werden wir mit Neuem konfrontiert. Und so manches von dem, was tagtäglich auf uns einströmt, wirkt recht bedrohlich. Dabei ist es oft nur die Angst davor, mit einer Situation oder Sache nicht umgehen zu können. Die Angst sich zu blamieren oder den eigenen Ansprüchen nicht zu genügen. Schließlich kann es sehr unangenehm sein, wenn wir uns in die Enge getrieben fühlen. Wir neigen dann häufig dazu, uns zurückzuziehen. Auf diese Weise wird unser Horizont immer kleiner und enger. Ein Teufelskreis setzt ein. Um diesen zu durchbrechen, ist es wichtig, Stück für Stück wieder für Erweiterung zu sorgen – in unseren Gedanken, in unseren Erfahrungen, in unserem Leben. Akzeptieren Sie, dass Ordnung immer nur ein vorübergehender Zustand ist. Leben heißt Veränderung und wenn sich Dinge ändern, geraten sie eben oft auch durcheinander. Dann sind wir gefordert, mit einem gewissen Chaos leben zu lernen.

In der Sicherheit einer Yogaklasse lassen sich neue Verhaltensweisen ausprobieren und dunkle Ecken in unserem Körper oder unseren Gedanken erforschen. Der Atem leitet uns den Weg, und so spüren wir am Ende jeder Yogastunde eine große Harmonie zwischen Körper, Verstand und Atmung. Wir fühlen uns geborgen und sicher, haben weniger Angst oder können uns dieser leichter stellen. Wir können neuen Mut fassen und innere Stärke entwickeln.

Übungsfolge 4: Stell die Welt auf den Kopf

Die Angst vor Unbekanntem ist die Grundangst der meisten Menschen. Doch wenn wir das Unbekannte kennen lernen, gibt es nichts zu fürchten. Wenn nicht mehr die Angst uns antreibt, wird selbstloses Handeln möglich. Und dieses bringt uns die Erlösung vom Gefühl des Getrenntseins, das heute eine weit verbreitete Seelenkrankeit ist.

Neue Perspektiven

Die Sorgen rühren daher, dass wir versuchen, mit dem Kopf Dinge zu steuern, mit denen das Leben ganz von allein fertig würde. Warum also nicht mal eingetretene Pfade verlassen, etwas Neues riskieren und die Welt auf den Kopf stellen? Wenn wir sie aus einem anderen Blickwinkel sehen, verschwinden Probleme oft von selbst. Umkehrhaltungen lehren uns Gelassenheit, konzentriert und präsent zu bleiben – selbst dann, wenn die Welt wieder einmal auf dem Kopf steht. Und dabei hilft:

› Bewegungsfolge 9: Kopfstand (siehe Seite 106 f.)

Der Kopfstand, auch König der Yogahaltungen genannt, führt zu Ausgewogenheit und einem Gefühl von Leichtigkeit. Wie jede Umkehrhaltung vitalisiert er den gesamten Körper: Den Beinen wird die Last genommen, die sie tagein, tagaus tragen müssen. Durch die verbesserte Durchblutung wird die Funktion der Drüsen und der inneren Organe angeregt. Der Blutzustrom zum Gehirn fördert die Konzentration und verhilft zu einem gesunden und tiefen Schlaf. Der Kopfstand stimuliert vor allem die Sekretion von Zirbeldrüse, Bauchspeicheldrüse und Hypophyse (Hirnanhangdrüse). Dadurch wird das Bewusstsein erweitert und wir können das Gefühl der Einheit des Seins erleben. Die Yogis nennen diesen Zustand Samadhi oder Glückseligkeit. Es ist das große und wahre Ziel aller Yogapraktiken.

Was so herrlich klingt, verlangt von Ihnen aber auch eine Menge Übung und Disziplin. Denn der Kopfstand hat es wirklich in sich. Es ist daher ratsam, diese Übung erst einmal unter der Aufsicht eines erfahrenen Lehreres auszuprobieren.

Und noch ein Rat: Während der Menstruation sollten Sie keine Umkehrhaltungen üben, weil dadurch der Fluss des Blutes unterbrochen werden kann. Auch bei Bluthochdruck, Erkrankungen des Herzens, Netzhautablösung oder Ohrenleiden ist von diesen Übungen abzusehen, da durch sie der Blutdruck im Kopf ansteigt. Weil zugleich viel Druck auf der Halswirbelsäule lasten kann, sollten Sie auch dann erst einmal ärztlichen Rat einholen, wenn Sie eine Verletzung im Hals-Nacken-Bereich hatten oder haben.

Verkehrte Welt? Ein Perspektivenwechsel kann helfen, Probleme zu lösen.

Bewegungsfolge 9 Kopfstand

Wie jede Umkehrhaltung vitalisiert der Kopfstand den ganzen Körper. Wenn Sie ihn regelmäßig üben, hilt er jedoch insbesondere, sich für die spirituellen Seiten des Lebens zu öffnen.

beachten

Da der Kopfstand äußerst anregend auf das Nervensystem wirkt, empfiehlt es sich, im Verlauf der weiteren Yogastunde zur Beruhigung auch den Schulterstand zu üben (Sarvangasana, siehe Seite 126). Wollen Sie nur den Kopfstand versuchen, sollten Sie anschließend ebenfalls den Schulterstand machen.

ausatmen

_3 ÜBERGANG »

einatmen

_4 KOPFSTAND SEITE 109 »

ausatmen

_1 KLEINKINDHALTUNG SEITE 58 »

einatmen

_2 ÜBERGANG »

ausatmen + 15–50 Atemzüge halten einatmen

_5 KOPFSTAND SEITE 109 »

ausatmen

_6 KLEINKINDHALTUNG SEITE 58

Kopfstand
Sirsasana

Sirsasana sorgt für Leichtigkeit, Kraft und Beweglichkeit – ein hohes Maß an Körperbeherrschung entsteht. Die Muskeln im Rücken werden gestrafft und sowohl Koordinations- als auch Konzentrationsvermögen nehmen zu.

_1 Ausgangsposition: Kleinkindhaltung (siehe Seite 58). Verschränken Sie die Finger und stellen Sie den Scheitel gegen die Handflächen auf den Boden. Die Hände berühren den Hinterkopf. Strecken Sie die Beine langsam und bewegen Sie sie in Richtung des Gesichts. Die Wirbelsäule möglichst lang halten. Richten Sie den Oberkörper möglichst senkrecht zum Boden aus. Drücken Sie die Ellbogen fest auf den Boden. Das Gewicht Ihres Körpers verteilt sich gleichmäßig auf die Handkanten, die Unterarme und die Kopfmitte. Liegt das Gewicht zu seitlich am Kopf, lastet zu viel Druck auf Hals und Augen.

_2 Einatmen: Heben Sie einen Fuß nach dem anderen leicht an. Beim anschließenden Ausatmen heben Sie die Knie zum Brustkorb. Atmen Sie wieder ein und heben Sie die gebeugten Knie zur Decke. Beim nächsten Ausatmen strecken Sie schließlich beide Beine.

_3 In der Haltung: Die Unterarme liegen auf dem Boden, die Finger sind verschränkt. Die Ellbogen befinden sich genau unter den Schultern. Der Nacken ist lang, der Scheitel liegt auf dem Boden. Heben Sie die Schultern, drücken Sie die Ellbogen fest in den Boden und ziehen Sie die Wirbelsäule nach innen. Die Bauchmuskeln sind aktiv, der Bauchnabel zieht zur Wirbelsäule. Bewegen Sie Steiß- und Kreuzbein nach innen und oben. Strecken Sie die Innenseiten der Beine nach oben. Halten Sie die Beine dabei die ganze Zeit aktiv und strecken Sie die Zehen zur Decke.

_4 Aus der Haltung kommen: Beim Ausatmen beugen Sie die Beine und führen die Füße langsam und kontrolliert zum Boden. Winkeln Sie die Knie an und setzen Sie sich auf die Unterschenkel. Legen Sie Ihren Brustkorb auf den Oberschenkeln ab. Die Stirn ruht auf dem Boden.

Verweilen Sie für 15 bis 50 Atemzüge in dieser Haltung.

Variante: Verschränken Sie für den halben Kopfstand die Finger und stellen Sie den Scheitel gegen die Handflächen auf den Boden. Mit der Ausatmung Beine strecken und die Ellbogen fest auf den Boden drücken. Mit den Füßen zum Gesicht laufen [_1]. Langsam und kontrolliert ziehen Sie dann ein Knie nach dem anderen zum Brustkorb [_2]. Achtung: Nicht springen. Heben Sie die Knie etwas höher zur Decke und ziehen Sie den Bauch nach oben und innen.

5. Thema: Das Herz öffnen

Seit Menschengedenken gilt das Herz als unser emotionales Zentrum, als unser Kern, ja sogar als Sitz der Seele. Dennoch gestehen wir ihm heute weitaus weniger Bedeutung und Ernsthaftigkeit zu als dem Verstand. Die Qualität des Herzens wird auf das Sentimentale und Romantische reduziert. Wichtige Entscheidungen treffen wir mit dem Kopf, nicht mit dem Herzen.

Vielleicht wurden auch Sie schon enttäuscht. Haben sich zurückgezogen. Wahrscheinlich leiden auch Sie hier und da unter Einsamkeit und sehnen sich nach mehr Nähe und Liebe. Ganz sicher aber haben Sie schon einmal erlebt, wie wohltuend es ist, wenn das Herz weit offen steht – zum Beispiel wenn Sie verliebt sind. Sobald wir im Herzen sind, sind wir friedvoll, liebevoll und glücklich. Wir sind mitfühlend, haben Verständnis für andere und nehmen das, was um uns und mit uns geschieht, nicht persönlich, sondern mit Humor. Ist das Herz dagegen verschlossen, spüren wir nichts von all dem. Eine Atemübung kann dann helfen, es wieder zu öffnen. Machen Sie diese immer mit leerem Magen – entweder vor dem Essen oder frühestens drei Stunden danach. Dann geht es los:

Atmen Sie alle Luft komplett aus Ihrem Bauch. Ziehen Sie den Bauch ein und halten Sie die Luft so lange an, wie Sie es aushalten. (Das ist anfangs schwierig, aber mit der Zeit werden Sie es schaffen, bis zu drei Minuten nicht zu atmen.) Jetzt entspannen Sie den Bauch. Der Atem wird wie ein Sturm wiederkommen. Er dringt tief in Ihr Herz und hilft so, es zu öffnen. Sie fühlen sich extrem lebendig.

Vertrauen Sie Ihrer inneren Stimme

Ein offenes Herz weiß auf fast alle Lebensfragen eine Antwort. Ganz gleich, ob es sich um Beruf oder Beziehung handelt, um Geld- oder Gesundheitsprobleme, um Depressionen oder Lebenskrisen. Der Schlüssel zur Lösung vieler Probleme liegt in unserem Herzen. Hören Sie also auf, sich unnötig den Kopf zu zerbrechen, sondern nehmen Sie den Kontakt zu Ihrem Inneren auf. Lassen Sie sich nicht ablenken. Folgen Sie dem Fluss des Lebens. Das offene Herz ist offen für Schmerz, offen für Freude, offen für das Leben und offen für den Tod. Und offen zu sein bedeutet mitzufließen. Nicht starr in der Angst und im Widerstand zu verweilen.

Um die richtige Antwort zu finden, müssen Sie nur in sich hören. Manchmal geschieht das spontan. Doch fühlt sich das Herz verschlossen an, ist dem Verstand nicht mehr klar, was wirklich wichtig ist. Wen liebe ich? Wem und was kann ich mein Herz schenken? Viele von uns haben verlernt, auf ihr Herz zu hören. Dabei sagt es uns ganz deutlich, was gut für uns ist. Sagt es Nein, tut es dies in einer mitfühlenden Art und Weise. Sagt es Ja, geschieht es in einer offenen herzlichen Art, ohne Hintergedanken – wie bei einem Kind.

Wer ein offenes Herz hat, ist jedoch auch verwundbar. Deshalb entscheiden wir uns häufig dafür, unser Herz zu verschließen. Dann sind wir zwar »widerstandsfähiger«, spüren uns aber kaum noch. Das Leben verläuft ohne Höhen und Tiefen. Wir sind nicht mehr mit unserem Kern verbunden. Es wird immer schwieriger herauszufinden, was wir wirklich wollen. Der Verstand versucht, die Aufgabe des Herzens zu übernehmen. Dadurch sind wir immer öfter unzufrieden mit dem Leben. Wir verlieren den Halt in uns selbst und werden abhängig von Liebe, Zuwendung und Bestätigung durch andere. Und damit verlieren wir unsere Freiheit.

Das Herz berühren

Spüren Sie das Leben in sich, folgen Sie der Stimme Ihres Herzens.

Legen Sie sich auf den Rücken und legen Sie Ihre Hände aufs Herz. Eine Hand über die andere. Das Flüstern, das in dieser Berührung liegt, ist das Wissen darum, dass Ihr Herz von Natur aus offen ist. Es gibt und es empfängt. Liebe fließt durch Sie hindurch und in Sie hinein. Sie brauchen Ihr Herz nicht öffnen, weil es nie verschlossen war.

Vielleicht haben Sie dicke und hohe Mauern darum erbaut. Vielleicht haben sogar andere dabei geholfen, diese zu errichten. Sie mögen daran glauben, dass Ihr Herz verschlossen ist, Ihr Herz aber sagt etwas anderes: Es schlägt. Und wenn Sie Ihre Hand auf Ihre Brust legen, spüren Sie, wie es Ihnen zuruft: »Ich bin lebendig. Ich bin offen. Ich bin im Fluss. Ich unterstütze dich. Ich bringe dir Leben. Ich bin dein Leben.«

Übungsfolge 5: Der Mut der Liebe

In der fünften Übungsfolge konzentrieren Sie sich vor allem auf Rückbeugen. Damit öffnen Sie den Brustkorb und lösen alle Spannungen und Blockaden im Bereich des Herzens. Aus Angst vor Verletzungen haben sich nämlich viele Menschen einen Panzer ums Herz gelegt, der mit der Zeit immer dicker wird. Doch hätte Mutter Natur gedacht, dass wir einen Schutzschild um das Herz bräuchten, hätte sie uns bestimmt auch damit ausgerüstet. Dabei kann Ihr Herz gar nicht verletzt werden. Seine Stärke liegt nämlich gerade darin, dass es von Natur aus immer heil ist.

Das Leben ist wunderbar. Empfangen Sie es mit einem Lachen.

Sind Sie bereit?

Rückbeugen schaffen uns Raum zum Atmen und Raum für das Leben, Sie schaffen mehr Offenheit. Diese Offenheit ist unsere wahre Natur. Wir müssen sie nicht erst erreichen. Wir sind bereits offen für all die guten Dinge, die im Leben auf uns zukommen. Wir sind bereit für jede Überraschung.
Haben Sie keine Angst. Es gibt kein verschlossenes Herz. Solange Sie leben, ist Ihr Herz offen. Ja, lebendig zu sein bedeutet geradezu, ein offenes Herz zu haben. Ihr Herz schlägt. Es unterstützt und nährt Sie. Sie müssen nur erkennen, dass Ihr Herz bereits geöffnet ist. Lebendig zu sein bedeutet, Schmerz zu fühlen, Freude, Liebe und auch Sorgen. Ihr eigenes Herz ist nichts anderes als das große Herz von allem, was ist. Es ist der schlagende Puls des Universums. In Ihrem Herzen herrscht Frieden. Liebe und Weisheit sind in ihm verankert. Sie achten und respektieren Ihre Mitmenschen. Eine neue Lebensqualität eröffnet sich. Hören Sie auf Ihr Herz und Ihre Liebesfähigkeit wird sich in allen Bereichen Ihres Lebens widerspiegeln. Leben Sie nach dem Motto: Lieben und geliebt werden. Ihr Herz ist dafür immer offen.

Spüren Sie die Energie!

Fühlen Sie sich verschlossen oder blockiert? Haben Sie das Gefühl, dass die Liebe nicht frei zu oder von Ihnen fließen kann? Es ist nicht Ihr Herz, das sich verschließt, sondern Ihr Verstand. Er hängt Glaubenssystemen nach, die das Ergebnis eigener Erfahrung sind. Lebendig zu sein bedeutet, dass das Herz schlägt und das Blut zirkuliert. Ein verschlossenes Herz dagegen bedeutet den Tod.
Setzen Sie sich hin und fühlen Sie Ihren Puls. Spüren Sie den Rhythmus des Herzschlags und die Wärme, die in der Gegend des Herzens aufsteigt, während Sie sich darauf konzentrieren. Machen Sie sich bewusst, dass jede Blockade, die Sie fühlen, aufgelöst werden kann, weil sie nicht wirklich existiert. Das, was wirklich ist, ist nur Ihr Herzschlag. Wahrhaftig ist, dass Sie

lebendig sind. Je mehr Sie das Wunder Ihres schlagenden Herzens anerkennen, den Fluss des Blutes und der Energie, die Ihr Leben erhält, umso mehr werden Sie sich bewusst werden, dass die Liebe allgegenwärtig ist und immer fließt – durch Sie, in Ihnen, von Ihnen, zu Ihnen.

Leben ohne Angst

Die fünfte Übungsfolge beinhaltet zwei Bewegungsfolgen:

› Bewegungsfolge 10: Das Herz öffnen (siehe Seite 114 ff.)

› Bewegungsfolge 11: Das Rad des Lebens (siehe Seite 118 ff.)

Sie üben damit die Rückbeugen, jene yogische Praxis, in der wir lernen können, Angst vor der Zukunft und vor dem Unbekannten zu überwinden. Die Yogaphilosophie lehrt uns, dass wir zwar die Vergangenheit nicht ändern, dafür aber künftiges Leiden verhindern können. Die »Formel« dafür lautet: Wenn wir in der Gegenwart vermeiden, anderen wehzutun, wenn wir unser Gegenüber achten wie uns selbst, werden wir in der Zukunft selbst kein Leid erfahren. Verbinden wir unsere Handlungen mit dem Herzen, begegnen wir allen Wesen und allen Situationen mit Liebe und mit Mitgefühl.

Mit Rückbeugen dehnen wir den Körper, um unseren Herzraum auszuweiten und die uns angeborene Großzügigkeit zu erwecken. Eine Großzügigkeit, die von innen kommt und die wir mit allen teilen sollten. Denn sie ist das größte Geschenk, das wir der Welt machen können.

exkurs

_Eine Geschichte von Gott

Es war einmal, dass Gott genug hatte vom ständigen Gejammer der Menschen. Immer wieder kamen sie zu ihm mit ihren Beschwerden, Forderungen und Wünschen. Sie wollten sich nicht abfinden mit ihrem Leben und verlangten von ihm, dass er die Dinge so ändere, wie sie ihnen passten. »Heile den, gib diesem mehr Geld, finde einen neuen Mann für sie, lass diese sich endlich verlieben, schenk jenem Ehepaar ein Kind.« Irgendetwas fand sich immer, das die Menschen ändern wollten.

Eigentlich hätte Gott ja eine Auszeit benötigt. Doch immer wenn er sich gerade zur Ruhe gezogen hatte, fand ihn der Mensch wieder und belästigte ihn aufs Neue mit seinen Begehren. Um das Problem ein für alle Mal zu lösen, lud Gott schließlich andere Göttinnen und Götter zu sich ein, um sie nach ihrem weisen Rat zu fragen.

Shiva, der Blauhäutige, sagte ihm, er solle sich auf dem Mond verstecken, dort würden ihn die Menschen nicht finden. Doch Gott fürchtete, dass sie ihn in ihrer unendlichen Selbstsucht auch dort entdecken würden. Vishnu schlug also vor, Gott solle sich im tiefsten Ozean verstecken. Niemand käme auf die Idee, ihn am Meeresgrund zu suchen. Gott aber wusste, dass auch dieses Versteck nicht lange sicher wäre. Da lächelte schließlich Sarasvati und schlug vor: »Verstecke dich in ihrem Herzen. Das ist der letzte Ort, an dem sie nach dir suchen werden.«

Bewegungsfolge 10
Das Herz öffnen

Die Wirklichkeit erscheint immer dann dunkel, wenn der Verstand versucht, die Aufgaben des Herzens zu übernehmen. Dann überdeckt er unsere wahre Essenz und kein Strahlen dringt aus den inneren Tiefen nach außen. Ebenso

ausatmen

_1 **VORBEREITUNG HEUSCHRECKE »**

ausatmen

_3 **ÜBERGANG »**

einatmen + 5 Atemzüge halten

_4 **BOGEN** SEITE 117 »

dunkel und kalt tritt uns dann auch die Umwelt entgegen. Ist der Geist dagegen klar und besitzen Sie ein offenes Herz, werden Sie erkennen, wie wunderbar und gut sich die Welt anfühlt. Sie ist voll von Liebe und Energie.
Vielleicht erscheint es Ihnen ja so, als würde die Liebe kommen und wieder gehen. Doch Sie irren. Die Liebe ist immer allgegenwärtig. Sie durchdringt alle Seinsformen, ist gleichermaßen in Ihnen und um Sie herum. Es sind lediglich die Wolken des Verstandes, die sich zusammenziehen und dabei die Liebe kurzzeitig verdunkeln. Lösen sie sich wieder auf, geben sie den Blick frei auf die allumfassende Liebe.

einatmen + 5 Atemzüge halten

_2 HEUSCHRECKE SEITE 116 »

ausatmen

_5 ÜBERGANG »

einatmen + 5 Atemzüge halten

_6 BOGEN SEITE 117

Heuschrecke
Salabhasana

Die Heuschrecke weitet den Brustkorb und dehnt die Vorderseite der Wirbelsäule. Der Rückenstrecker und die Beine werden gekräftigt. Der Kreislauf wird angeregt und der ganze Körper stimuliert. Die Laune verbessert sich.

_1 Ausgangsposition: Legen Sie sich auf den Bauch. Strecken Sie die Arme seitlich neben den Körper auf den Boden. Die Handflächen zeigen nach unten. Bringen Sie die Beine fest zusammen und ziehen Sie den Bauchnabel nach innen. Heben Sie die Schultern etwas vom Boden. Die Stirn berührt den Boden.

_2 Einatmen: Heben Sie Kopf, Brustkorb und Beine so weit wie möglich nach oben.

_3 In der Haltung: Ziehen Sie den Bauchnabel nach innen zur Wirbelsäule. Legen Sie das Hauptaugenmerk auf die Wirbelsäulenstreckung, weniger auf das Anheben der Beine und des Oberkörpers. Drücken Sie die Schulterblätter in Richtung Hüfte und eng an den Rücken. Schieben Sie das Kreuzbein nach hinten in Richtung Füße. Drücken Sie die Beine fest zusammen, ohne die Knie zu beugen. Strecken Sie Schultern und Arme nach hinten.

_4 Aus der Haltung kommen: Atmen Sie aus und legen Sie den ganzen Körper wieder ab. Bilden Sie mit den Händen ein »Kissen« und legen Sie eine Wange darauf ab. Verweilen Sie einige Atemzüge so. Dann wiederholen Sie die Übung ein zweites Mal.

Verweilen Sie für mindestens 5 Atemzüge in dieser Haltung. Wiederholen Sie die Übung insgesamt zweimal.

Bogen
Dhanurasana

Der Bogen stimuliert die tiefe Brustatmung und somit den Energiefluss im ganzen Körper. Das weckt die Lebensgeister. Die gesamte Körpervorderseite wird gedehnt, Po- und Rückenmuskulatur sowie der gesamte Schultergürtel werden gekräftigt.

_1 Ausgangsposition: Sie liegen auf dem Bauch. Greifen Sie von außen nach den Knöcheln oder Schienbeinen. Drücken Sie Steiß- und Kreuzbein nach unten, um den unteren Rücken zu verlängern.

_2 Einatmen: Ziehen Sie fest an den Knöcheln beziehungsweise den Schienbeinen. Heben Sie Brustkorb, Taille und Oberschenkel vom Boden.

_3 In der Haltung: Halten Sie Knöchel beziehungsweise Schienbeine gut fest und lassen Sie die Arme gestreckt. Ziehen Sie die Schultern zurück und die Schulterblätter nach innen. Drücken Sie die Leisten fest in den Boden. Heben Sie den Oberkörper und die Beine und spannen Sie den ganzen Körper wie einen Bogen. Heben Sie Beine und Oberkörper mit jeder Einatmung höher. Drücken Sie dabei das Steiß- und Kreuzbein noch weiter nach unten. Heben Sie das Brustbein an. Der Nacken bleibt lang, ohne den Hals dabei zu überdehnen.

_4 Aus der Haltung kommen: Beim Ausatmen die Beine vorsichtig loslassen und langsam zurück auf den Boden senken. Wiederholen Sie die Übung noch einmal und greifen Sie dabei Knöchel beziehungsweise Schienbeine von innen.

Verweilen Sie für mindestens 5 Atemzüge in dieser Haltung.

Bewegungsfolge 11

Das Rad des Lebens

Rückbeugen helfen, die Angst vor dem Unbekannten und Neuen hinter uns zu lassen. Indem wir zu uns selbst finden, übernehmen wir die Verantwortung für unser Leben, können Trauer und Schmerz verhindern helfen. Wer sich selbst und den anderen gegenüber achtsam und mitfühlend verhält, dem wird die Welt ebenso entgegentreten. Hören Sie auf Ihr Herz. Und alles ist gut.

einatmen

ausatmen

einatmen

ausatmen

ausatmen

_1 VORBEREITUNG HALBES RAD »

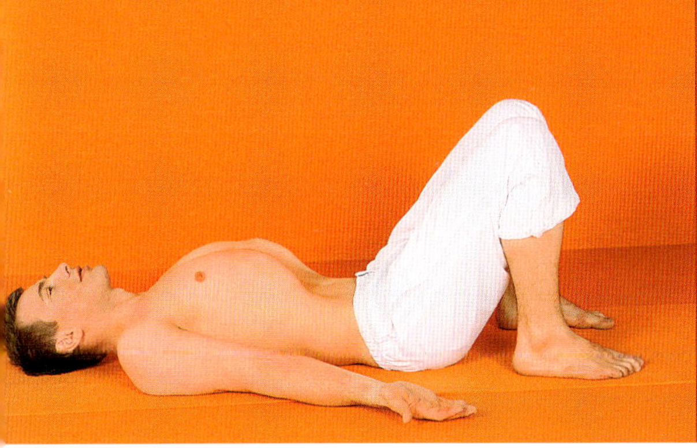

einatmen + 5 Atemzüge halten

_2 HALBES RAD SEITE 120 »

einatmen + 5 Atemzüge halten

_5 RAD SEITE 121 »

ausatmen

_6 ÜBERGANG »

einatmen + 5 Atemzüge halten

_9 RAD SEITE 121 »

ausatmen

_10 KNIE ZUR BRUST

Halbes Rad
Ardha Urdhva Dhanurasana

Im halben Rad wird die Körpervorderseite stark gedehnt. Vor allem die Wirbel in der Länge des Brustkorbs werden gestreckt. Die Muskeln des oberen und unteren Rückens, des Beckenbodens, des Lendenbereichs und der Beine werden gekräftigt. Der Nacken entspannt sich, die Brustatmung wird vertieft und die Laune verbessert sich.

_1 Ausgangsposition: Sie liegen auf dem Rücken. Beugen Sie die Beine. Stellen Sie die Füße hüftbreit auseinander möglichst dicht am Po auf den Boden und drücken Sie sie fest in den Boden.

_2 Einatmen: Heben Sie vom Steißbein aus den unteren, den mittleren und den oberen Rücken langsam nach oben. Drücken Sie dabei die Füße fest in den Boden und achten Sie darauf, dass sie sich nicht nach außen drehen.

_3 In der Haltung: Schultern und Kopf bleiben auf dem Boden liegen. Formen Sie die verschränkten Finger unter dem Rücken zu einer Faust. Bewegen Sie die Schultern in Richtung der Füße. Heben Sie das Brustbein so hoch wie möglich zur Zimmerdecke an – mit jedem Einatmen nähert er sich mehr dem Kinn.

_4 Aus der Haltung kommen: Atmen Sie aus, lösen Sie die Finger und legen Sie den Rücken Wirbel für Wirbel langsam und achtsam wieder auf dem Boden ab.

Verweilen Sie für mindestens 5 Atemzüge in dieser Haltung.

Rad
Urdhva Dhanurasana

Das Rad hilft, dem natürlichen Verschleiß der Wirbelsäule entgegenzuwirken. Durch die intensive Rückbeuge bleibt sie lang und geschmeidig. Die inneren Organe werden geöffnet und gestreckt, die Gehirnaktivität wird angeregt. Der Verstand erwacht und die Laune steigt.

_1 Ausgangsposition: Halbes Rad (links)

_2 Einatmen: Lösen Sie die Finger voneinander und drücken Sie die Handflächen neben den Ohren auf den Boden. Setzen Sie den Scheitel auf den Boden. Spreizen Sie die Finger und drücken Sie Hände und Füße fest in den Boden. Den Kopf heben. Arme und Beine strecken.

_3 In der Haltung: Hände und Füße drücken gegen den Boden. Strecken Sie dazu Arme und Beine so gut wie möglich. Die Rückseiten der Oberschenkel bleiben aktiv. Drehen Sie Oberschenkel, Knie und Schienbeine etwas nach innen. Die Pomuskeln sind fest, aber nicht verkrampft. Heben Sie das Steißbein. Der untere Rücken bleibt dabei schön lang. Heben Sie die Schultern und lassen Sie den Kopf locker hängen. Außenschenkel und Hüften heben, um die Rückseite des Beckens breit zu halten. Drücken Sie die Fersen in den Boden, heben Sie den Nabel und strecken Sie die Vorderseite der Oberschenkel nach oben zu den Hüften. Achten Sie darauf, beide Körperhälften gleichermaßen zu dehnen.

_4 Aus der Haltung kommen: Beim Ausatmen Ellbogen und Knie beugen, den Scheitel zum Boden führen. Rücken und Po absenken.

Verweilen Sie für mindestens 5 Atemzüge in dieser Haltung. Die Übung nach einer kurzen Pause noch zweimal wiederholen.

beachten

Halten Sie die Füße die ganze Übung über parallel. Drehen Sie sie nicht nach außen.

Übungsfolge 6: Zurück in Mutters Arme

Der Schulterstand (Bewegungsfolge 12) wird auch die Mutter aller Asanas genannt. Denn er beruhigt und nährt den ganzen Körper, so wie eine gute Mutter ihr Kind. Im Sanskrit, der Sprache der Yogis, heißt der Schulterstand Sarvangansana, was wörtlich übersetzt so viel bedeutet wie »die Stellung aller Körperteile«. Ein bekannter Yogalehrer aus Indien, BKS Iyengar, erklärt das so: »Genau wie eine Mutter um die Harmonie zwischen den Familienmitgliedern bemüht ist, kümmert sich der Schulterstand um die Harmonie zwischen allen Körperteilen.«

»Suche den, der Gott sucht.
Doch weshalb suchen?
Er ist wahrhaftig hier.
Näher als dein eigener Atem.«

Rumi

Auch Erwachsene genießen es, sich umsorgt und geborgen zu fühlen. Schließlich ist der Wunsch nach Liebe eines der allerersten Bedürfnisse des Menschen. Einen Hauch der Sehnsucht nach dem Mutterschoß tragen wir unser Leben lang mit uns – als Wunsch nach einem Zuhause, nach menschlicher Wärme und Geborgenheit. Nur durch fürsorgliche Liebe kann ein Mensch zum Menschen werden, kann sich ein glückliches und erfülltes Leben entfalten. Und nur wenn wir selbst glücklich sind, können wir auch andere glücklich machen. Werden Menschen füreinander in Liebe wieder Menschen, öffnet sich der Himmel über der Erde. Und wir erkennen die Erde, die Natur, der wir aller Leben Anfang verdanken. Wie eine gute Mutter ist sie voll bedingungsloser Liebe. Sie ist bereit, uns auf jede nur erdenkliche Art zu unterstützen und zu umsorgen.

Die Welt in uns

Es gab eine Zeit, da sich die Menschheit als Teil der Natur verstand und friedvoll mit den anderen Lebewesen der Erde zu leben wusste. Und noch heute spürt jeder von uns mehr oder weniger bewusst in seinem Innersten die Sehnsucht nach einer Wiedervereinigung mit der Schöpfung. Und genau darin liegt die Chance: Im Schulterstand, in dem wir symbolisch das Gewicht der Erde auf unsere Schultern laden, kann es uns gelingen, die Göttlichkeit der Natur um uns wahrzunehmen. Wir erkennen, dass es nicht unsere Bestimmung ist, diesen Planeten zu beherrschen. Da wir selbst ein Teil von ihm sind, können wir nur mit der Natur glücklich werden. Die Erde kümmert sich wie eine Mutter um uns – versorgt uns, ernährt uns, wärmt uns. Im Gegenzug ist es an uns Menschen, ebenso behutsam, vorsichtig und bewusst mit Mutter Natur umzugehen. Indem wir Verantwortung für sie tragen, übernehmen wir auch die Sorge für unser eigenes Leben, das unserer Mitmenschen und aller Mitgeschöpfe.

Gerade in der Hektik des Alltags spüren viele von uns ein tiefes Verlangen nach Halt und Wärme.

Die Natur schenkt uns diese Geborgenheit. Wir müssen nur lernen, uns ihr hinzugeben.

Eine ursprüngliche Kraft

Im Schulterstand vertrauen wir uns der Selbstreinigungskraft der Natur an. Wir ziehen unsere Sinne zurück und blicken tief in unser Inneres. Erstaunt stellen wir fest, dass die Verbindung von Natur und Mensch kein kurzer Flirt bei einem Sonntagnachmittagsspaziergang im Wald ist. Zwischen beiden besteht eine viel tiefere Verbindung. Mutter Natur ist die Schöpferin, die Leben gibt und nimmt. Sie ist gleichzeitig in uns, um uns und in allem was auf diesem Planeten lebt, wächst oder stirbt. Alles auf dieser Welt – egal ob Steine, Flüsse, Pflanzen, Tiere oder Menschen – trägt die Kraft von Mutter Erde in sich. Die Kraft der Mutter aller Mütter, der Urmutter der allerersten Stunde. Dem Ursprung allen Lebens.

Im Schulterstand erleben wir uns als Teil dieser Natur. Als eine lebende Zelle im Körper des Universums. Wir öffnen uns für den Zauber des Lebens, erfüllen unsere Gedanken mit Dankbarkeit und erinnern uns daran, wem allein wir dieses einzigartige Leben verdanken.

In den Schoß der Natur

Im Schulterstand kehren wir symbolisch in den Schoß von Mutter Natur zurück. Er wirkt äußerst beruhigend auf unser Nervensystem und funktioniert damit wie eine Verjüngungskur von innen. Stress wird abgebaut, Körper, Geist und Seele stehen wieder in Einklang. Spätestens wenn Sie nach tiefem Schlaf frisch und erholt aufwachen, erleben Sie die positiven Wirkungen des Schulterstands.

Bewegungsfolge 12
Schulterstandzyklus

Das Ziel aller Yogapraktiken ist es, unsere Fähigkeit zur bedingungslosen Liebe zu entfalten. Eine Liebe wie die einer Mutter zu ihrem Kind – voller Hingabe und ohne jede Gegenleistung. Es ist nämlich eine ganz einfache Sache: Je

ausatmen

_1 VORBEREITUNG SCHULTERSTAND »

einatmen

_2 VORBREITUNG SCHULTERSTAND »

ausatmen + 5 Atemzüge halten

_5 PFLUG SEITE 127 »

einatmen

ausatmen + 5 Atemzüge halten

_6 PFLUG MIT GEBEUGTEN BEINEN SEITE 128 »

mehr Sie lieben, desto größer wird die Freude, desto weniger Angst haben Sie und desto liebenswerter werden Sie. Sie sind zufrieden, stark und glücklich. Das Leben ist wunderbar. Je mehr Bedingungen Sie dagegen stellen – an Menschen ebenso wie an bestimmte Situationen –, desto weniger Liebe erhalten Sie. Sie fühlen sich einsam und ängstlich, verlieren Ihr Selbstbewusstsein und Ihre Präsenz. Die Welt ist ein Spiegel: Sie kann nur das zurückgeben, was in sie hineinwirkt. Sind wir selbst offen und geben uns hin, können wir Glück und Liebe auch entsprechend empfangen. Wer dagegen nichts gibt, erhält auch keine »Antwort«.

ausatmen

_3 VORBEREITUNG SCHULTERSTAND »

einatmen + 15–75 Atemzüge halten

_4 SCHULTERSTAND

SEITE 126 »

einatmen ausatmen

_7 ÜBERGANG »

einatmen + 10 Atemzüge halten

_8 FISCH

SEITE 129

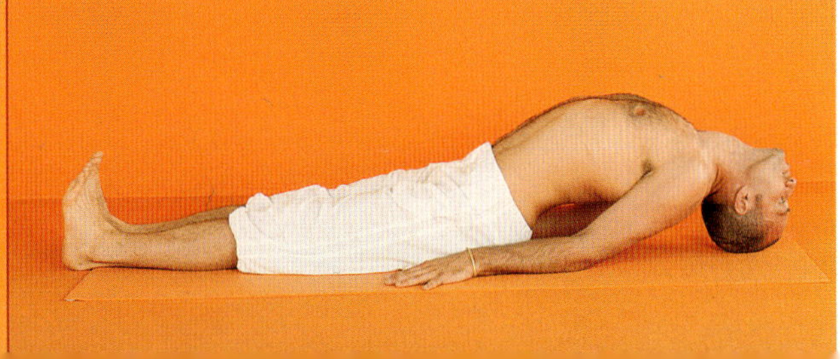

Schulterstand
Salamba Sarvangasana

Der Schulterstand beruhigt unseren Körper und schenkt ihm neue Energie. Er hat eine ausgleichende Wirkung auf das gesamte Nervensystem und wirkt dadurch wie eine natürliche Verjüngungskur von innen.

_1 Ausgangsposition: Rückenlage

_2 Einatmen: Heben Sie die Hüften und ziehen Sie die Knie an die Stirn. Stützen Sie mit den Händen die Wirbelsäule ab. Die Finger zeigen nach oben. Beine zur Decke strecken. Ellbogen und Schultern enger zueinander bringen.

_3 In der Haltung: Bewegen Sie den Brustkorb zum Kinn. Das Steißbein zieht zum Schambein. Drehen Sie die Oberschenkel leicht einwärts. Heben Sie das Brustbein sanft. Leisten und Beininnenseiten zur Decke strecken. Fällt Ihnen das schwer, üben Sie zunächst den halben Schulterstand. Legen Sie sich dazu vor eine Wand. Po dagegen stützen und die gestreckten Beine daran lehnen. Beugen Sie die Knie und drücken Sie die Füße gegen die Wand. Heben Sie den Po. Die Hände stützen die Wirbelsäule.
Ganz wichtig: Sobald Sie Druck im Kopf oder Nacken, in den Ohren oder Augen spüren, die Stellung auflösen oder zu einer Variante wechseln.

_4 Aus der Haltung kommen: Ausatmen, Knie beugen und den Rücken langsam abrollen. Die Hände dabei seitlich vom Körper als Bremse benutzen. Die Füße aufstellen und einige Atemzüge ruhig liegen bleiben.

Verweilen Sie für mindestens 15 Atemzüge in dieser Haltung. Steigern Sie sich mit der Zeit auf 75 Atemzüge.

einatmen

Variante

Variante: Legen Sie einen Stapel Decken an eine Wand. Bringen Sie das Becken von der Seite auf die Decke und strecken Sie die Beine gerade nach oben. Der Po berührt die Wand. Halten Sie die Hüfte tief. Öffnen Sie Bauch und Brustkorb.

Pflug
Halasana

Diese Haltung streckt die Wirbelsäule, vitalisiert die Bauchorgane und fördert die Verdauung. Sind Sie erschöpft, erwacht neue Energie in Ihnen. Durch die Umkehr des Körpers lässt sich sogar ein erhöhter Blutdruck regulieren. Ebenso werden Schmerzen in den Fingern, Händen, Handgelenken, Ellbogen und Schultern gelindert.

_1 Ausgangsposition: Schulterstand (siehe linke Seite)

_2 Ausatmen: Senken Sie die Beine hinter den Kopf auf den Boden.

_3 In der Haltung: Verschränken Sie die Finger hinter dem Rücken und formen Sie die Hände zu einer Faust. Strecken Sie die Arme aus den Achselhöhlen und heben Sie die Schulterblätter. Drehen Sie dabei die Oberarme leicht nach außen. Ziehen Sie die Zehen an, strecken Sie die Fußsohlen und schieben Sie die Fersen vom Oberkörper weg. Mit jeder Einatmung nehmen Sie die Brustwirbelsäule etwas mehr nach innen und heben die Hüften ein bisschen höher. Mit jeder Ausatmung strecken Sie die Beine weiter. Spannen Sie die Pomuskeln leicht an und dehnen Sie beide Seiten des Brustkorbs.

_4 Aus der Haltung kommen: Beim Ausatmen heben Sie die Beine langsam an und rollen den Rücken auf den Boden ab. Nutzen Sie dabei die Hände als »Bremse«, indem Sie sie seitlich vom Körper ablegen. Stellen Sie die Füße auf und bleiben Sie noch ein wenig ruhig liegen.

Verweilen Sie für mindestens 5 Atemzüge in dieser Haltung.

einatmen

beachten

Wenn die Füße den Boden nicht berühren, bringen Sie die Knie zur Stirn und unterstützen den Rücken während der ganzen Übung mit den Händen.

Pflug mit gebeugten Beinen
Karna pidasana

Diese Variante des Pflugs ist sehr gut dazu geeignet, die Sinne gegen jede äußere Ablenkung abzuschirmen und den Körper zu beruhigen. Das erleichtert es Ihnen, sich auf sich selbst zu konzentrieren und in Ihrem Innersten anzukommen.

_1 Ausgangsposition: Pflug (siehe Seite 127)

_2 Ausatmen: Senken Sie die Knie neben die Ohren auf den Boden.

_3 In der Haltung: Strecken Sie die Füße nach hinten. Die Beine umschließen den Kopf. Ziehen Sie das Brustbein zum Kinn und heben Sie den Oberkörper leicht nach oben. Wenn Sie die Arme nicht hinter dem Rücken strecken können, legen Sie sie in die Kniekehlen.

_4 Aus der Haltung kommen: Beim Ausatmen beugen Sie die Knie und rollen den Rücken langsam wieder auf den Boden ab. Die Hände liegen jetzt seitlich am Körper und dienen bei Bedarf als »Bremse«. Stellen Sie beide Füße auf den Boden und bleiben Sie noch einige Atemzüge ruhig liegen.

Verweilen Sie für mindestens 5 Atemzüge in dieser Haltung.

einatmen

beachten

Verspüren Sie einen Druck im Rücken, Hals oder Nacken, unterstützen Sie den Rücken mit den Händen und legen die Knie auf der Stirn ab.

Fisch
Matsyasana

Der Fisch bildet stets die letzte Übung nach Schulterstand und Pflug. Er kräftigt die Halsmuskulatur und streckt die Vorderseite des Brustkorbs und Halses intensiv. Dadurch wird die gesamte Schultermuskulatur gestärkt und intensiv durchblutet. Der Herzraum wird geöffnet und die Atmung vertieft.

_1 Ausgangsposition: Sie liegen mit gestreckten Beinen flach auf dem Rücken. Drücken Sie die Beine fest zusammen. Die Arme liegen rechts und links neben dem Körper, die Ellbogen sind in den Boden gestemmt.

_2 Einatmen: Heben Sie den Brustkorb und setzen Sie den Scheitel auf den Boden.

_3 In der Haltung: Strecken Sie die Innenseiten der Beine. Drücken Sie dabei die Rückseiten der Oberschenkel fest in den Boden. Ziehen Sie das Steißbein nach unten und innen. Die Zehen sind leicht angezogen.

_4 Aus der Haltung kommen: Während Sie ausatmen, bringen Sie Kopf und Oberkörper zum Boden. Die Ellbogen gleiten zur Seite. Bleiben Sie einige Atemzüge ruhig liegen und bereiten Sie sich innerlich auf die nun folgende Entspannungssequenz vor.

Verweilen Sie für mindestens 10 Atemzüge in dieser Haltung.

einatmen ausatmen einatmen

6. Thema: Konzentration und Entspannung

Im Yoga gehen Konzentration und Entspannung Hand in Hand. Konzentration beschreibt dabei die Fähigkeit, sich eingehend und ausschließlich mit einer Sache beschäftigen zu können. Eine tiefe, freie und kraftvolle Atmung hilft dabei, das Bewusstsein immer wieder ins Hier und Jetzt zurückzuholen.

Entspannung dagegen ist die bewusste Befreiung von unnötiger körperlicher und mentaler Verspannung. Yoga bietet vielfältige Möglichkeiten, diese Blockaden zu lösen, sich zu sammeln und dadurch die Konzentration zu erhöhen. Auch dabei spielt der Atem eine entscheidende Rolle. Die richtigen Übungen helfen Ihnen, sich den Stress regelrecht von der Seele zu atmen. Der Kopf wird wieder frei, Sie fühlen sich frisch und klar.

In der Regel achten wir viel zu wenig auf unseren Atem. Darum atmen wir meist zu flach und versorgen unseren Körper nicht ausreichend mit Sauerstoff. Eine flache Atmung hat zur Folge, dass wir unsere Gefühle nur noch schwach oder gar nicht mehr spüren. Und damit wird auch schon deutlich, welchen Nachteil sie mit sich bringt: Wir können uns nicht an unseren eigenen Bedürfnissen orientieren. Stattdessen folgen wir allein dem Programm des Verstandes beziehungsweise den Wünschen und Erwartungen anderer. Wir sind unsere eigenen Gefangenen.

Wenn wir dagegen beginnen, bewusst und damit auch tief zu atmen, gewinnen wir das entscheidende Maß an Freiheit und Lebendigkeit zurück. Wir sind eins mit uns selbst und der Welt um uns.

Übungsfolge 7: Tiefenentspannung

Jeden Tag sind Sie den vielfältigsten Belastungen, Anstrengungen und Ärgernissen ausgesetzt. Ihr Körper reagiert darauf mit Anspannung oder Stress. Ein Übermaß davon kann Kopfschmerzen, Schlaflosigkeit, Magenschmerzen, Verspannungen, Gereiztheit und Unruhe verursachen.

Dabei ist Stress eigentlich eine ganz wichtige Sache. Er sorgt dafür, dass überhaupt etwas passiert. Unser Körper schüttet Adrenalin aus. Wir nehmen Ziele in Angriff. Selbst die Energie, die es braucht, um etwas zu erreichen, ist eine bestimmte Form von Stress. Stress ist also eine Aktivierungsreaktion unseres Körpers und nicht die Ursache, die ihn auslöst.

Entspannen Sie sich!

Wir können an drei Punkten ansetzen, um Stress zu bewältigen:

› An der Umwelt, indem wir die Faktoren mindern, die die Stressreaktion auslösen.

› An uns selbst, indem wir unsere Einstellung überdenken und verändern.

› An der unmittelbaren Stresssituation, indem wir unsere Anspannung durch körperliche Bewegung abbauen oder uns durch eine Atem- oder Entspannungsübung beruhigen oder ablenken.

Wenn wir entspannen, lassen wir alles los, was uns daran hindert, die Wahrheit über unser Selbst zu erfahren. Durch die Entspannung werden wir empfänglich für die unerschöpfliche und grenzenlose Freude, für den Kern allen Seins. Im entspannten Zustand geben wir alle Widerstände gegen unser wahres Selbst auf, dessen Essenz die grenzenlose Freude und die bedingungslose Liebe sind. Wenn es das nächste Mal heiß hergeht, rufen Sie sich einfach das folgende 1-Sekunden-Anti-Stress-Programm ins Gedächtnis:

› Regen Sie sich nicht gleich über jede Kleinigkeit auf.

› Denken Sie immer daran: Es gibt nur solche Kleinigkeiten.

Die Bauchatmung

Um wirklich entspannen zu können, müssen wir lernen, richtig zu atmen. Der Atem muss dabei aus dem Bauch kommen, nicht aus der Brust. Beim Einatmen wölbt sich der Bauch nach außen. Wenn Sie ausatmen, wird er wieder ganz flach.

Haben Sie schon einmal beobachtet, wie ein Baby atmet? Sein Bauch bewegt sich gleichmäßig auf und ab, während der Brustkorb völlig ruhig bleibt. Die ganze Energie des Babys konzentriert sich auf den Bauchraum. Im Schlaf atmen auch wir Erwachsene so, weil sich der Kopf nicht einmischt. Der Bauch bewegt sich auf und ab und der Atem fließt tief und frei.

Mit etwas Übung lernen Sie, auch tagsüber in den Bauch zu atmen. Ihr Bauch wird dabei ganz weich. Und nur wenn er weich ist, können Sie wirklich fühlen. Lassen Sie sich sinken und fühlen Sie mit dem Bauch. Sie werden ruhig, mutig, aufgeweckt und sind voller Energie. Sie vergessen Stress und Hekik um sich und können sich ganz auf das Wesentliche konzentrieren: sich selbst.

Tiefenentspannung
Savasana

In dieser Haltung werden sowohl der Körper als auch der Geist beruhigt und revitalisiert. Die Aufmerksamkeit der Sinnesorgane wird nach innen gelenkt – weshalb die Haltung als Vorstufe zur Meditation gilt.

_1 Ausgangsposition: Legen Sie sich auf den Boden. Schieben Sie eine aufgerollte Decke oder eine Handtuchrolle unter die Knie. Füße und Beine fallen natürlich nach außen. Die Schulterblätter schmelzen in den Boden, die Arme liegen neben dem Körper. Die Handflächen zeigen nach oben. Schließen Sie die Augen oder legen Sie ein kleines Kissen oder Tuch darüber.

_2 In der Haltung: Geben Sie Ihren Körper ganz der Entspannung hin. Wiederholen Sie innerlich: »Zehen entspannen, Füße entspannen, jetzt die Beine, die Hüften, den Po. Jetzt unteren Rücken entspannen, den mittleren Rücken, oberen Rücken, Bauch und Brustkorb, die Finger, Hände, Arme, Ohren, Schultern und Schulterblätter, Nacken, Gesicht, Mund, Zunge, Kiefer, Lippen, Wangen, Nase, Augen, Stirn und Kopfhaut.« Der ganze Körper ist entspannt. Mit jedem Augenblick, der vergeht, werden Sie ruhiger und gelassener. Sie befinden sich in Savasana.

_3 Aus der Haltung kommen: Vertiefen Sie die Atmung und bewegen Sie die Zehen und Finger ein bisschen. Strecken Sie die Arme hinter den Kopf, ziehen Sie die Knie an und rollen Sie sich auf die rechte Seite. Kuscheln Sie sich zum Abschluss wie ein Baby zusammen und genießen Sie die Ruhe. Spüren Sie, wie eine tiefe Wärme Ihren ganzen Körper durchströmt.

Verweilen Sie für etwa 10 Minuten in dieser Haltung.

Übungsfolge 8: Atemarbeit

Eine der wichtigsten yogischen Schriften, die Hatha-Yoga-Pradipika, sagt: »Wenn der Atem wandert und unregelmäßig ist, ist auch der Geist unruhig. Aber wenn der Atem ruhig ist, so ist es auch der Geist und der Yogi lebt lange.«

Atmen heißt Leben. Wir nehmen lebensnotwendigen Sauerstoff auf und geben im Gegenzug schädliche Abfallstoffe ab. Unsere Zellen bleiben jung und frisch, gesund und leistungsfähig. Doch die Hektik lässt uns immer weniger Gelegenheit, bewusst auf unseren Atem zu achten. Wir merken ihn nur, wenn wir mal wieder außer Atem sind, wenn wir atemlos von einem Termin zum nächsten hetzen, wenn uns ein Problem in Atem hält oder ein unvorhergesehenes Ereignis gar den Atem verschlägt. Immer weniger gelingt es uns, eine Atempause einzulegen und neuen Atem zu schöpfen. Vielen fehlt der lange Atem für größere Vorhaben. Sie leben von einem Tag zum anderen. Und so haben immer mehr Menschen die gesunde und natürliche Art der Tiefenatmung verlernt, die jeder als Kind automatisch beherrscht. Dabei ist es für das persönliche Wohlbefinden so wichtig, sich hin und wieder Verschnaufpausen zu gönnen und den eigenen natürlichen Atemrhythmus wieder zu entdecken, bei sich selbst anzukommen.

Nur durch die bewusste Atemarbeit lernen Sie Ihre eigene Atembewegung kennen. Dabei erfahren Sie, wie groß die Kraft des Atems ist: Er macht Sie gesund, schenkt Ihnen Energie und Lebensfreude und geleitet Sie auf Ihrem Weg nach innen.

Im Alltag jedoch wird nur jedes zwanzigste Lungenbläschen beatmet. Ein Großteil der Luft bleibt unverbraucht. Achten Sie daher beim Üben vor allem auf eine lange Ausatmung. Die Einatmung kommt danach von ganz allein – ohne Druck und Zwang.

Atemübungen sorgen nicht nur für mehr Ruhe, Energie und Kraft, sondern vergrößern auch das Atemvolumen. Die Atemwände weiten sich und ziehen sich wieder elastisch zusammen. Bisher ungenutzte Lungenbläschen werden aktiviert. Dadurch sind sie weniger krankheitsanfällig. Außerdem helfen die Atemübungen, wieder ökonomisch zu atmen – sie sorgen für optimale Sauerstoffzufuhr bei geringem Energieaufwand.

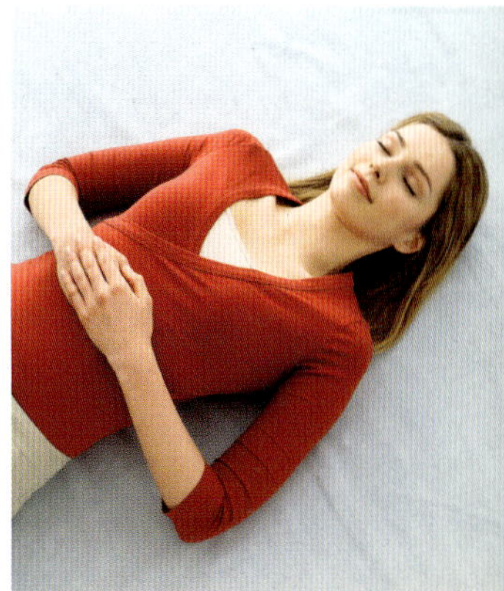

Die Konzentration auf den Atem entspannt und gibt Kraft.

Verschiedene Atemtechniken

Mit der ersten Übung (Tiefenatmung) lernen Sie, sich Ihren eigenen, individuellen Atem bewusst zu machen. Die nachfolgenden zwei Übungen (Blasebalg-Atem und Siegreicher Atem) helfen, den Körper aufzuwecken. Durch die abschließende Wechselatmung entsteht ein ausgewogener Energiefluss im Körper. Die beiden Gehirnhälften werden ausgeglichen – ein Gefühl des Friedens und der Freiheit entsteht.

Tiefenatmung

Mit der ersten Atemübung lernen Sie, sich Ihren persönlichen Atemrhythmus bewusst zu machen. Gehen Sie auf eine Atemreise durch Ihren Körper und erleben Sie, welch ungeheure Kraft im Atem verborgen liegt.

_1 Ausgangsposition: Legen Sie sich auf den Rücken oder setzen Sie sich bequem und aufrecht hin. Schließen Sie die Augen und spüren Sie, wie Sie sich langsam entspannen.

_2 In der Haltung: Nun beobachten Sie, wie die Anspannung langsam auch den Rest des Körpers verlässt. Legen Sie die rechte Hand auf den Bauch. Fühlen Sie, wie sich der Bauch hebt und senkt, wenn Sie die Luft in den Körper ein- und wieder ausatmen.
Legen Sie die linke Hand auf den Brustkorb. Dadurch bemerken Sie, wie sich auch die Brust beim Ein- und Ausatmen hebt und senkt. Achten Sie auf beide Hände: Welche bewegt sich zuerst, welche stärker? Hören Sie Ihrem Atem ganz genau zu – wenn die Luft in den Körper hineinströmt und wenn sie ihn wieder verlässt. Atmen Sie durch die Nase ein und aus. Lassen Sie dabei jeweils ein feines sanftes Rauschen entstehen – zart wie das Rascheln der Blätter im Wind. Verschließen Sie dafür leicht die Muskeln im Hals. Erlauben Sie jetzt nach jeder Ausatmung eine kleine Pause, bis die Luft ganz von allein wieder durch die Nase in den Körper strömt. Halten Sie den Atem jedoch nicht gewaltsam an.

_3 Aus der Haltung kommen: Atmen Sie ein paar Mal wieder ganz frei ein und aus. Gähnen und seufzen Sie, rekeln und strecken Sie sich und lassen Sie Ihrem Atem wieder freien Lauf. Öffnen Sie die Augen und kommen Sie langsam in den Alltag zurück.

Verweilen Sie für mindestens 5 Minuten in dieser Haltung.

beachten

Wiederholen Sie das Ganze ein paar Mal. Beobachten Sie dabei in den Atempausen ganz genau, was in Ihrem Inneren geschieht. Konzentrieren Sie sich auf den Körper und lauschen Sie in ihn. Genießen Sie das Gefühl, mit jedem Einatmen ein bisschen entspannter und lebendiger zu werden.

Blasebalg-Atem
Kapalabhati

Der Blasebalg Atem ist eine sehr kraftvolle Übung, die Sie jeden Tag durchführen können. Er wirkt sowohl auf den physischen Körper als auch auf das feinstoffliche Energiesystem. Auf körperlicher Ebene werden Giftstoffe entsorgt, das Zwerchfell wird gestärkt. Das hilft sogar dabei, Fettpölsterchen am Bauch zu verlieren. Das Nervensystem wird beruhigt, das Blut mit Sauerstoff angefüllt. Die Zellaktivität steigt, Sie fühlen sich lebendiger.

_1 Ausgangsposition: Setzen Sie sich bequem und aufrecht hin und atmen Sie langsam durch die Nase. Legen Sie eine Hand auf den Bauch und achten auf Ihren Atemrhythmus.

_2 In der Haltung: Atmen Sie tief ein und füllen Sie Ihren Bauch mit Luft. Der Oberkörper ist gerade aufgerichtet. Entspannen Sie den Bauch, damit er sich bequem ausdehnen kann, wenn er mit Luft gefüllt wird.
Ziehen Sie den Bauch kraftvoll ein. Durch diese Kontraktion wird die Luft aus der Nase herausgedrückt. Stellen Sie sich vor, Sie würden sich kräftig die Nase putzen. Ist die Luft ausgestoßen, entspannen Sie den Bauch sofort wieder, damit er sich erneut leicht ausdehnt. Dabei strömt die Luft wie von selbst zurück in die Lunge.
Wiederholen Sie das feste Anspannen der Bauchmuskeln, um die Luft wieder hinauf- und herauszupressen. Das ist Ihr Grundrhythmus.
Der zweite Teil des Blasebalg-Atems beginnt direkt nach der letzten Ausatmung. Nehmen Sie einen langen, tiefen Atemzug durch die Nase. Halten Sie dann die Luft so lange an, bis Sie einen starken Energiestoß fühlen. Sobald die Energie Ihren Kopf erreicht hat, atmen Sie durch die Nase wieder aus.
Beginnen Sie mit 20 Ausatmungen pro Minute. Währenddessen atmen Sie leicht und langsam. Steigern Sie sich in jeder Woche um 10 Ausatmungen, bis jeder Satz aus 100 Ausatmungen pro Minute besteht.

Machen Sie zwischen dem ersten und zweiten Teil 30 Sekunden Pause. Währenddessen atmen Sie leicht und langsam.

»Es ist nicht unbedingt die Methode, die uns zur Erleuchtung führt. Vielmehr sind es der feste Glaube, die Hingabe und das Loslassen, die eine Methode effektiv machen.«

Baba Ram Dass

Siegreicher Atem
Ujjayi-Atem

Während der Asanapraxis empfiehlt sich diese Atemtechnik. Sie erzeugt im Körper eine reinigende Hitze und lenkt Ihre Aufmerksamkeit auf die Atemqualität. Das ist sehr wichtig, da die Atemqualität die Asanaqualität bedingt.

_1 Ausgangsposition: Setzen Sie sich aufrecht hin und richten Sie Ihr Bewusstsein auf den Atem. Atmen Sie ebenso lange und kräftig ein wie aus.

_2 In der Haltung: Öffnen Sie zunächst den Mund leicht und atmen Sie mit einem »Haah« aus – als ob Sie einen Spiegel anhauchen würden. Wiederholen Sie dies etwa zweimal, bis Sie den Laut klar und deutlich als sanftes Rauschen wahrnehmen können. Halten Sie dann die Lippen geschlossen und atmen Sie nur durch die Nase. Verschließen Sie die Stimmritze leicht. Dabei lassen Sie die Luft geräuschvoll, doch zart wie das Rascheln der Blätter im Wind fließen.
Nach jedem Ausatmen machen Sie eine kleine Pause, bis die Luft ganz von allein wieder durch die Nase in den Körper strömt. Halten Sie den Atem aber nicht bewusst an.
Beobachten Sie dabei aufmerksam, was in der Atempause in Ihrem Körper geschieht. Spüren Sie, wie Sie mit jedem Atemzug entspannter und lebendiger werden.

_3 Aus der Haltung kommen: Erlauben Sie dem Atem natürlich zu werden. Beiben Sie für ein paar Augenblicke in der stillen Wahrnehmung seines Rhythmus.

Atmen Sie ungefähr 5 Minuten auf diese Weise.

beachten

Da der Ujjayi-Atem nicht lautlos ist, können Sie Ihre Atmung gut beurteilen. Und das ist wichtig, weil die Atemqualität die Asanaqualität bedingt. Können Sie in einer bestimmten Übung nicht gleichmäßig und ruhig atmen, ist dies ein Zeichen dafür, dass die Übung (noch) zu viel für Ihren Körper ist. Bemerken Sie hingegen in einer Haltung Ihren Atem überhaupt nicht, kann es sein, dass Sie nicht voll bei der Sache sind, sondern an irgendetwas anderes denken. Beides braucht Sie nicht zu beunruhigen. Kehren Sie einfach mit Ihrer Aufmerksamkeit zum Atem zurück oder wählen Sie eine einfachere Variante der Haltung.

Wechselatmung
Nadi Shodana

Die Wechselatmung beschließt die achte Übungsfolge. Sie ist eine der bekanntesten yogischen Atemübungen. Sie beruhigt einen unruhigen Geist und sorgt dafür, dass die Energie harmonisch durch den ganzen Körper fließt. Dadurch fühlen wir uns friedlich und frei.

_1 Ausgangsposition: Setzen Sie sich bequem hin, so dass der Atem frei fließen kann. Beugen Sie dann Zeige- und Mittelfinger der rechten Hand. Ringfinger und kleiner Finger bleiben gestreckt.

_2 In der Atmung: Durch beide Nasenlöcher einatmen. Dann verschließen Sie mit dem rechten Daumen das rechte Nasenloch und atmen durch das linke Nasenloch aus.
Atmen Sie durch das linke Nasenloch wieder ein. Verschließen Sie dieses nun mit dem kleinen und dem Ringfinger. Lösen Sie den Daumen und atmen Sie durch das rechte Nasenloch ein, ehe Sie es wieder verschließen. Links ausatmen. Nun ist die erste Atemrunde abgeschlossen.
Um fortzusetzen, verschließen Sie das rechte Nasenloch erneut und atmen durch das linke ein. Wiederholen Sie das Ganze mehrmals.

_3 Aus der Haltung kommen: Atmen Sie durch das linke Nasenloch aus und verweilen Sie einen Moment in der stillen Wahrnehmung Ihrer Atmung.

Beginnen Sie mit 4 Durchgängen und steigern Sie sich auf 20.

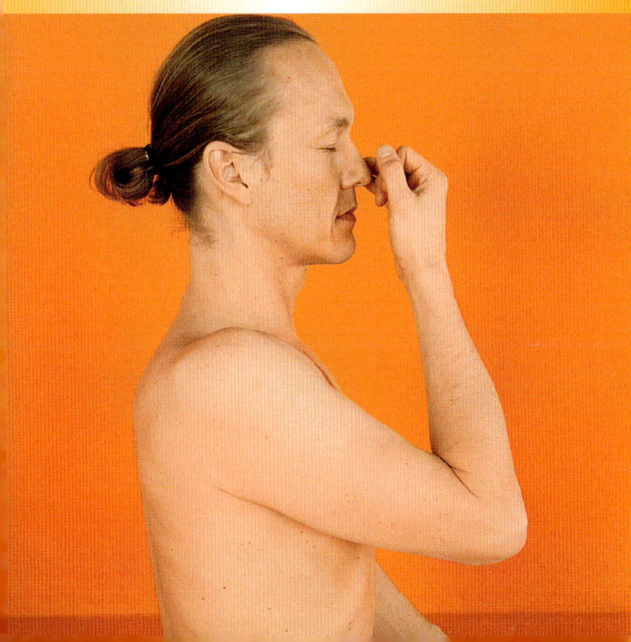

beachten

Wenn Sie etwas mehr Übung haben, können Sie den Atem nach jeder Ein- und Ausatmung anhalten, solange es bequem ist.

Übungsfolge 9: Meditation

Unser Gehirn arbeitet ohne Unterbrechung. Täglich schwirren unendlich viele Gedanken durch unseren Kopf. Mehr als 98 Prozent davon haben wir jedoch schon vorher unzählige Male durchgedacht. Und das verbraucht eine ganze Menge unnötiger Energie. Zum Glück gibt es Methoden, wie sich das schier endlose Geplapper in unseren Köpfen abstellen lässt. Sie müssen nur den richtigen Schalter finden. Im Yoga heißt dieser Knopf Meditation. Durch sie erhalten wir Frieden und Ruhe, wie wir sie vielleicht noch nie erfahren haben. Der Kopf kann sich endlich ausruhen.

»Unser Verstand ist der Beweis für den Humor Gottes.«
Marco Aldinger

Gleichzeitig hilft Ihnen Meditation, sich selbst besser kennen zu lernen. Jesus soll einmal gesagt haben: »Die Füchse haben ihre Höhlen und die Vögel haben ihre Nester, in die sie sich zurückziehen können. Aber der Menschensohn hat keinen Platz, um seinen Kopf ruhen zu lassen.« Dabei braucht unser Kopf Ruhe und Entspannung so dringend, um seine Arbeit effektiver und intelligenter zu organisieren.

Aus demselben Grund ist es sinnvoll, den Kopf nur zu benutzen, wenn Sie ihn wirklich brauchen. Dann sind Sie frisch, voller Saft und Kraft. Dann ist das, was Sie denken und sprechen, voller Leben, voller Gewicht und voller Wahrheit. Und dadurch haben Sie eine unglaublich positive Ausstrahlung, die sogar auf andere abfärbt. Was wir gemeinhin als Charisma bezeichnen, ist nichts anderes als ein Verstand, der sich zu entspannen weiß und dadurch Energie sammelt. Ein Verstand dagegen, der Tag und Nacht arbeitet, wird zwangsläufig schwach, stumpf und müde. Wir werden ausdruckslos und langweilig, besitzen weder Kraft noch Autorität.

Die Stille spüren

Auch Sie können lernen, Ihren Verstand zum Schweigen zu bringen und ihn nur dann zu benutzen, wenn Sie ihn auch wirklich brauchen. Dann aber arbeitet er mit stürmischer Kraft. Sie haben so viel Energie gesammelt, dass jedes Wort direkt ins Herz geht.

Es ist gar nicht so schwer: Betrachten Sie Ihren Geist einfach als Außenstehender, als würden Sie sich selbst beobachten. Ganz allmählich wird Ihr Verstand dadurch lernen, still zu sein. Und in der Hand der Stille wird Ihr Kopf zu einem machtvollen Werkzeug. Ein Yogi kann seinen Kopf benutzen, wann immer er will, und ihn wieder abschalten, wenn er ihn nicht braucht.

Sitzen Sie einfach da. Erlauben Sie Ihrem Körper, still zu werden. Dann werden Sie merken, wie sich die Atmung verändert und entspannter wird. Der Atem fließt immer harmonischer, der Verstand entkrampft sich. Im Kopf schwirren weniger Gedanken. Sie spüren die Stille.

In der Stille finden wir zu uns selbst und erkennen, dass alles von selbst gedeiht – wie das Gras, die Blumen und Bäume.

Nichts hören, nichts sprechen, nichts sehen – im Moment der absoluten Stille kann unser Geist sich von der Gedankenflut ausruhen, um seine Ideen anschließend umso prächtiger erstrahlen zu lassen.

Reise ins Ich

Das Wunder des Lebens pulsiert jeden Augenblick durch jede Zelle unseres Körpers. Wie jede Form von Leben wächst auch die Essenz von allein. Ab und zu sollten Sie sich die Zeit nehmen, dies zu beobachten. Der große indische Mystiker Osho lehrt uns dafür drei ganz einfache Regeln: Entspannt sein, wach sein und nicht urteilen. Wo der Verstand aufhört, fängt Meditation, fängt das Leben an. Deshalb geht es während des Meditierens nicht darum zu bewerten, sondern zu beobachten. Lassen Sie laufen, was ohnehin in Ihnen geschieht. Mischen Sie sich nicht ein. Beobachten Sie die Lücken, die sich dazwischen auftun. Hat sich der Verstand beruhigt, werden Sie erkennen, dass Sie längst dort angekommen sind, wohin Sie mit aller Kraft streben. Nur wer sein Bewusstsein erkannt hat, empfindet wahren Respekt vor anderen Menschen und Lebewesen. Er erkennt, dass die Umwelt nichts anderes ist als verschiedene Ausdrucksformen des einen, uns alle miteinander verbindenden Bewusstseins. Unsere Beziehung zur gesamten Umwelt beginnt zu heilen.

Meditation ist ein Teil von uns

Meditation ist eine Bewegung nach innen. Weil sie unser natürlicher Zustand ist, ist sie immer da. Sie wartet auf uns. Wir müssen nur unsere Aufmerksamkeit ins Innere richten und schon können wir sie nutzen. Das stille Sitzen während des Meditierens verbindet uns mit der ureigensten Quelle allen Lebens. In dem Moment, in dem wir diese Quelle wiedergefunden haben, wächst alles von ganz allein – so wie im Frühling das Gras von allein wächst und die Bäume zu blühen beginnen.

»Still sitzen, nichts tun, der Frühling kommt und das Gras wächst von allein.«

Zen Koan

Beruhigen Sie Ihren Geist. Werden Sie ganz still. Versuchen Sie nicht, die Gedanken anzuhalten. Sie sind Teil des Lebens. Freuen Sie sich an ihrem Lauf. Spielen Sie mit ihnen, genießen Sie sie und heißen Sie sie willkommen. Dabei werden Sie immer wieder auf kleine »Luftlöcher« stoßen. In diesen Pausen beginnen Sie, denjenigen zu beobachten, der beobachtet – sich selbst. Ganz langsam lernen Sie die Stille kennen, die das innere Wesen erfüllt. Aus dieser Stille erwächst Liebe, Schönheit und eine ganz besondere Ausstrahlung, wächst die Kraft Ihrer Persönlichkeit und eine tiefe Selbstachtung. Denken Sie daran: Meditation ist ein Seinszustand und keine Körperhaltung. Die Erfahrung des meditativen Übens zeigt nur die Möglichkeit, ein ganzes Leben meditativ zu gestalten. Finden Sie die Freude des Augenblicks und verstehen Sie, dass das Üben nur ein Sinnbild für all das ist, was Leben bedeuten kann.

Meditationspraxis
Dhyana

Wenn wir uns in der Meditation von der Einheit Körper-Verstand lösen, treten wir in den Zustand des einfachen Seins. Das gibt uns Ruhe und Stärke. Meditation verbindet uns mit unserem spirituellen Kern, der uns immer aufs Neue mit Stille und Freude erfüllen kann.

_1 Ausgangsposition: Stellen Sie sich einen Wecker auf fünf Minuten. Nehmen Sie sich vor, sich während dieser Zeit nicht zu bewegen. Schließen Sie die Augen. Legen Sie die Hände auf die Oberschenkel. Die Handflächen zeigen nach oben oder unten. Die Wirbelsäule aufrichten.

_2 In der Haltung: Sobald Sie Ihre Sitzposition gewählt haben, werden Sie ganz ruhig. Lenken Sie Ihre Aufmerksamkeit zur Atmung. Atmen Sie gleichmäßig ein und aus. Versuchen Sie nicht, auf eine besondere Art und Weise zu atmen, sondern erlauben Sie dem Atem, frei durch den Körper zu fließen. Genauso wie die Gedanken frei vor Ihrem innerem Auge vorüberziehen. Wiederholen Sie innerlich die Worte »Lass los«. Mit jeder Einatmung denken Sie »lass«, mit jeder Ausatmung »los«. Versuchen Sie nicht gewaltsam, mit dem Denken aufzuhören. Erlauben Sie es den Gedanken, völlig frei zu fließen. Lassen Sie los – mit jedem Atemzug. Machen Sie einfach weiter: Einatmen »lass«. Ausatmen »los«. Lassen Sie alles los, das Sie davon abhält, das Glück der Selbstverwirklichung zu erfahren. Alles, das Sie am Erkennen der Einheit allen Seins hindert.

_3 Aus der Haltung kommen: Wenn der Wecker klingelt, öffnen Sie mit der nächsten Ausatmung langsam die Augen.

Verweilen Sie für 5 Minuten in dieser Haltung.

beachten

Versuchen Sie den Übergang von der Meditation ins tägliche Leben so angenehm wie möglich zu gestalten. Nehmen Sie sich viel Zeit, um die positive Erfahrung in den Alltag hinübertragen zu können.

Den Körper entgiften

Nur wenn die Lebensenergie frei durch unseren Körper strömen kann, sind wir glücklich. Um Blockaden im Energiefluss zu lösen, gibt es im Yoga spezielle Reinigungsübungen. Sie sorgen dafür, dass sich Körper und Seele gleichermaßen wohl fühlen und wir gesund bleiben.

Finde dich selbst

Yoga ist keine Religion, sondern eine reine Erfahrungswissenschaft. Es fordert Sie nicht auf, an irgendetwas zu glauben. Yoga sagt: Erfahre! So wie die Wissenschaft das Experiment fordert, fordert Yoga die Erfahrung, die Übung. Experiment und Erfahrung sind sich sehr ähnlich. Was sie unterscheidet, ist die Richtung, in die sie zielen. Bei einem Experiment suchen wir etwas im Außen, in der Welt um uns herum. Erfahren dagegen heißt, dass wir etwas im Inneren finden, in uns selbst. Mit Yoga starten wir ein inneres Experiment.

Dafür ist kein Glaube notwendig, nur der Mut, neue Erfahrungen zu machen. Yoga ist nichts, worüber Sie nachdenken können. Es ist etwas, das Sie ausprobieren müssen. Es ist eine Disziplin. Sie können Yoga studieren, lesen, darüber philosophieren. Ein Yogi werden Sie dadurch nicht. Das gelingt Ihnen nur, indem Sie Yoga intensiv, leidenschaftlich, nicht obsessiv intelligent üben.

An dieser Stelle soll eines nicht unerwähnt bleiben: Wir sind nicht menschliche Wesen, die ab und an eine spirituelle Erfahrung haben. Das genaue Gegenteil ist der Fall. Wir sind spirituelle Wesen, denen die Erfahrung eines menschlichen Körpers gegeben wurde. Wir sind Göttinnen und Götter, verborgen in einem menschlichen Körper. Jede spirituelle Praxis ist darauf ausgerichtet, mit dieser innersten Essenz unseres Wesens in Kontakt zu treten, unsere Lebenskraft zu befreien und den essenziellen Zustand reinen Bewusstseins zu erleben. Dann erfahren wir Einheit, Genzenlosigkeit, Freude, reines Wissen, unendliche Ruhe, Schlichtheit, Wärme und Mitgefühl.

Der Weg zu unserem wahren Selbst mag unendlich erscheinen. Mit Yoga werden Sie ihn finden.

Reinigungsübungen helfen Ihnen dabei, die innere Balance von Körper und Geist wiederherzustellen.

Die Reinigungsübungen (Kriya)

Um das perfekte innere Gleichgewicht zu finden, das die Basis eines reinen Bewusstseins ist, müssen wir von Zeit zu Zeit unseren Körper gründlich reinigen. »Der Giftmüll im Körper verklebt die Kommunikationswege im System. Werden diese wieder geöffnet, ist der Kommunikationsfluss neu gewährleistet, und es entsteht ein Gefühl der Leichtigkeit, Freude und Ganzheit«, erklärt der Münchner Ayurveda- und Entgiftungsexperte Dr. Ulrich Bauhofer. Aus diesem Grund sollten Sie regelmäßig Reinigungsübungen durchführen. Sie befreien von körperlichem und psychischem Ballast und schaffen die Voraussetzung, den eigenen Weg zu finden.

Schon die Hatha-Yoga-Pradipika schreibt: »Wenn zu viel Fett oder Schleim im Körper ist, sollten zunächst die sechs Arten der Reinigungsübungen durchgeführt werden. Andere, die nicht daran leiden, müssen sie nicht üben.« Sechs Reinigungsübungen sieht die Pradipika dazu vor. Nicht alle dieser traditionellen Techniken sind jedoch für die tägliche Praxis geeignet. Deshalb sollten Sie sich auf eine einfache Abwandlung der Kriya beschränken. Zwei davon – den Blasebalg-Atem und die Wechselatmung – haben Sie bereits im vorherigen Kapitel kennen gelernt (siehe Seite 135 und 137). Die beiden anderen werden auf den nächsten Seiten beschrieben.

Feuerspülung
Agnisara Dhauti

Diese Übung lebt von der schnellen Abfolge des Einziehens und Entspannens der Bauchmuskeln. Die Technik entfacht eine starke innere Hitze (Tapas, Agni). Die Bauchmuskeln werden gekräftigt, die inneren Organe durchblutet. Wenn Agnisara Dhauti richtig geübt wird, unterstützt es den natürlichen Entgiftungsprozess des Körpers, indem es die Verdauungsorgane und den Abbau von Giftstoffen im Blut anregt. Indirekt verbessert sich dadurch auch das Immunsystem und die Funktionstüchtigkeit der Leber.

_1 Ausgangsposition: Sie stehen aufrecht und mit hüftbreit geöffneten Füßen.

_2 In der Haltung: Atmen Sie ein und vollständig wieder aus. Beugen Sie sich beim Ausatmen nach vorn. Die Knie sind gebeugt, die Hände liegen auf den Oberschenkeln. Ziehen Sie den Bauch nach innen, strecken Sie die Arme aus und ziehen Sie die Wirbelsäule lang. Dann entspannen Sie den Bauch wieder. Im Wechsel weiter so: einziehen, entspannen, einziehen, entspannen. Setzen Sie sich jetzt aufrecht und bequem mit gekreuzten Beinen hin. Die Handflächen liegen entspannt auf den Knien. Atmen Sie ein und wieder vollständig aus. Atmen Sie nicht gleich wieder ein. Ziehen Sie den Bauch nach innen und oben. Dann entspannen Sie ihn wieder. Wieder einziehen, entspannen, einziehen, entspannen. Beginnen Sie die Bewegung etwa vier Finger breit unter dem Nabel. Pumpen Sie schnell und kräftig. Dadurch wird die meiste Hitze erzeugt. Wiederholen Sie die Bewegung, so oft Sie können, ohne dabei wieder einzuatmen.

_3 Aus der Haltung kommen: Den Bauch vollkommen entspannen und einen Moment mit geschlossenen Augen nachspüren. Eventuell gleich im Anschluss tief einatmen, den Atem halten und Asvini Mudra praktizieren (siehe rechts).

Beginnen Sie mit 5 Pumpbewegungen; steigern Sie sich auf 30 bis 40 pro Atempause.

beachten

Am besten üben Sie Agnisara Dhauti direkt im Anschluss an den Blasebalg-Atem (Seite 135). Blut, Gewebe, Drüsen und Organe sind dann bereits hervorragend mit Sauerstoff versorgt. Und das macht es einfacher, den Atem zurückzuhalten.

Vorsicht: Vermeiden Sie es, den Bauch zu weit nach oben zu ziehen (in Richtung des Solarplexus). Lassen Sie den Brustkorb und den oberen Bauch nicht sinken, sondern führen Sie die Bewegung nur im unteren Bauch aus.

Siegel der Göttin
Asvini Mudra

Asvini Mudra beschreibt das Zusammenziehen und anschließende Lösen der Schließmuskeln des Afters. Es hilft jene energetischen Kräfte der Kundalini zu erwecken und nach oben zu ziehen, die an der Basis unserer Wirbelsäule ruhen (siehe Seite 39). In der Schwangerschaft und zur Rückbildung ist diese Übung besonders zu empfehlen, da sie verhindert, dass sich der Beckenboden nach unten senkt. Die Kräftigung der Beckenbodenmuskulatur wirkt zudem gegen alters- oder krankheitsbedingte Inkontinenz.

_1 Ausgangsposition: Sie sitzen aufrecht und bequem mit gekreuzten Beinen.

_2 In der Haltung: Atmen Sie tief ein und ziehen Sie gleichzeitig mit aller Kraft den Schließmuskel zusammen. Halten Sie den Atem an. Erhöhen Sie die Spannung, indem Sie alle Muskeln um den Anus herum fest nach innen und oben ziehen. Beim Ausatmen entspannen Sie den Anus wieder vollständig. Atmen Sie einige Male, ehe Sie mit dem nächsten Durchgang beginnen.

_3 Aus der Haltung kommen: Den Anus vollkommen entspannen und für ein paar Atemzüge mit geschlossenen Augen nachspüren. Eventuell gleich im Anschluss tief ausatmen, und einen neuen Übungszyklus mit Kapalabhati (Seite 135), Nadi Shodana (Seite 137), Agnisara Dhauti (links) und Asvini Mudra beginnen.

Im gleich bleibenden Rhythmus 5- bis 30-mal wiederholen – später bis zu 50-mal.

»Jede Form von Übungspraxis ist einfach nur eine Methode, den Verstand auszutricksen. Der Trick dabei ist, den Verstand daran zu hindern, sich in Form von Gedanken auszubreiten.«

Baba am Dass

Schadstoffe loswerden

Wir essen zu fett und zu eiweißlastig und unsere Nahrung steckt voller Konservierungsstoffe. Stress, Nikotin und Kaffee tun das ihre dazu. Die Folge: Es entstehen hoch aggressive Sauerstoffmoleküle – die so genannten freien Radikale. Sie attackieren lebensnotwendige Proteine und Moleküle unseres Körpers genau dort, wo er am empfindlichsten ist: in der Erbsubstanz (DNA) und den Mitochondrien, den Kraftwerken der Zelle im Zellkern. Dadurch altern wir nicht nur schneller, sondern können sogar krank werden. Arteriosklerose, Herzerkrankungen, Fettstoffwechselstörungen, Rheuma und Krebs können die Folgen sein. In Kombination mit der Übersäuerung des Körpers durch überwiegend säurebildende Nahrungsmittel (wie Fleisch, Brot, Kaffee, Alkohol und Süßigkeiten), kommt es bei vielen Menschen zu weiteren Stoffwechselproblemen sowie zu Gelenk-, Herz- und Kreislaufbeschwerden.

Viel warmes Wasser ist wichtig, um Giftstoffe aus dem Körper zu spülen.

Aber nicht nur der Körper leidet unter der falschen Ernährung, sondern auch die Seele. Sind die Energiekanäle (Nadis) verstopft oder verklebt, entstehen Blockaden. Die Energie kann nicht mehr ungehindert durch den Körper fließen. Wir sind müde, antriebslos und niedergeschlagen.

Doch es gibt Hoffnung. Schließlich besteht der Körper aus Milliarden von Zellen, die sich in einem unglaublichen Tempo erneuern. So bildet der Organismus beispielsweise in nur einer Woche die Magenschleimhaut komplett neu. Die Hautzellen werden alle zwei bis vier Wochen »ausgewechselt«, die Riechzellen der Nase alle ein bis zwei Monate. Selbst das Knochengewebe ist nicht leblos und starr: Bei jungen Menschen ist es nach etwa 10 Jahren rundum erneuert, bei älteren nach 25 bis 30 Jahren.

Die 3-Wochen-Kur

Um körperlichen und seelischen Ballast abzuwerfen, empfiehlt es sich, den Körper jedes Jahr während einer dreiwöchigen Kur zu entgiften. Achten Sie in dieser Zeit auf eine leichte fleischlose Ernährung. Trinken Sie außerdem etwa 2 Liter heißes Wasser am Tag, um den Stoffwechsel anzukurbeln und den ganzen Körper durchzuspülen.
Die folgenden elf Schritte zur Reinigung helfen zusätzlich, Gift- und Schlackenstoffe auszuleiten. Versuchen Sie jeden Tag mindestens vier davon umzusetzen.

- Massieren Sie den ganzen Körper mit gereiftem Sesam-, Mandel- oder Kokosöl.
- Während das Öl am Körper wirkt, entfernen Sie den Zungenbelag mit einem Zungenschaber oder einem Löffel.
- Ölzieh-Kur: Spülen Sie einen Teelöffel gereiftes Sesamöl einige Minuten im Mund hin und her, um Stoffwechselgifte aus den Schleimhäuten zu sammeln. Ausspucken, Zähne putzen und duschen.

- Gleich nach dem Aufstehen ein großes Glas warmes Zitronenwasser mit etwas frischem Ingwer und Honig trinken.
- Vor dem kleinen Frühstück (keine Eier und Wurst, kein Fleisch oder Fisch, am besten süßes Obst): die vier Reinigungsübungen (siehe Seite 145 ff.).
- Jede Stunde ein Glas abgekochtes, heißes Wasser trinken. Dazu das Wasser etwa 10 Minuten kochen lassen und in eine Thermoskanne füllen.
- Vor dem Essen ein paar Scheiben frischen Ingwer mit Zitronensaft kauen.
- Mittags gibt es die größte Mahlzeit des Tages (zwischen 12.00 und 14.00 Uhr). Wiederum kein Fleisch, keine Wurst, Eier und Rohkost, nichts Frittiertes, Gebratenes, keine Süßigkeiten und schwere Milchprodukte, wie Sahne, Sahnequark oder Hartkäse. Ideal sind Nudeln oder Reis mit viel frischem Gemüse.
- Auch abends essen Sie am besten warm (vor 20.00 Uhr). Oft genügt eine Gemüsebrühe oder ein leichter Brei.
- Verzichten Sie während der Reinigungskur auf alkoholische Getränke, schwarzen und grünen Tee sowie Kaffee.
- Gehen Sie nicht nach 22.30 Uhr ins Bett. Viel Schlaf ist wichtig.

Die innere Spülung

Sie können den Entgiftungsprozess während der 3-Wochen-Kur beschleunigen, indem Sie Ihre Verdauungsorgane vorher mit Wasser durchspülen (Shankha Prakshalana). Bevor Sie damit beginnen, jedoch folgende Hinweise:

- Essen Sie am Vortag nur Leichtes. Ideal wäre es, ab mittags zu fasten.
- Beginnen Sie mit den Übungen am frühen Morgen – etwa zur Frühstückszeit.
- Führen Sie die Übung nicht öfter als zwei-, dreimal im Jahr durch. Ideal ist die Frühlingszeit. Kühles Klima ist dagegen ungeeignet.
- Bei Bluthochdruck, Magengeschwüren oder in der Schwangerschaft dürfen Sie die Übung nur nach Absprache mit einem Arzt machen.

Und so funktioniert es

- Rühren Sie etwa drei Teelöffel Salz in drei Liter lauwarmes Leitungswasser. Gehen Sie in die Hocke und trinken Sie etwa einen Viertelliter davon. Anschließend führen Sie die vier Körperübungen von Seite 150 ff. dynamisch aus. Ganz wichtig: Drehen Sie sich immer erst nach rechts.
- Trinken Sie erneut einen Viertelliter Salzwasser und wiederholen Sie die kleine Übungsreihe. Machen Sie auf diese Weise weiter, bis sich der erste Toilettendrang einstellt (erfahrungsgemäß dauert das zwei bis vier Runden).
- Nach dem ersten Stuhlgang reduzieren Sie die Wassermenge auf etwa einen Achtelliter und wiederholen die Prozedur ansonsten wie gewohnt. Hören Sie erst auf, wenn das ausgeschiedene Wasser ebenso klar ist wie das, das Sie getrunken haben.
- Legen Sie sich etwa eine Stunde hin. Nach spätestens einer weiteren Stunde essen Sie eine leichte warme Mahlzeit (Reissuppe, Haferschleim oder Gemüsebrühe). Dazu gibt es etwas Olivenöl, um den Verdauungstrakt gut zu fetten. Anschließend ruhen Sie sich wieder aus. Verzichten Sie an diesem Tag ganz auf körperliche oder geistige Anstrengung.

Palme
Urdhva hastottanasana

Den Körper zu reinigen und zu entschlacken ist ein wesentlicher Teil der Yogapraxis. Eine spezielle Übungsfolge soll dabei den gesamten Verdauungsapparat reinigen. Die Palme bildet die erste der vier dazu nötigen Asanas. Sie beeinflusst den obersten Teil des Darms.

_1 Ausgangsposition: Sie stehen bequem aufrecht. Die Beine sind geschlossen. Die Arme hängen locker seitlich herab.

Zu jeder Seite 2-mal wiederholen.

_2 In der Haltung: Heben Sie die Arme über den Kopf und verschränken Sie die Hände. Drehen Sie den Oberkörper nach rechts und links.

Hüft-Drehung
Kati Chakrasana

Die zweite Übung wirkt vor allem auf den Magen. Um ihn zu erreichen, versuchen Sie, den Bauch leicht auszudehnen, während Sie sich drehen. Übrigens: Indem Sie sich bei allen vier Asanas zunächst nach rechts drehen, unterstützen Sie die Darmperistaltik.

_1 Ausgangsposition: Aufrechter Stand

_2 In der Haltung: Strecken Sie nun die Arme in Schulterhöhe zur Seite. Die Handflächen zeigen nach unten. Drehen Sie den Oberkörper abwechselnd erst nach rechts, dann nach links.

Zu jeder Seite 2-mal wiederholen.

Gedrehte Kobra
Triyaka Bhujangasana

Die Kobra stimuliert den untersten Teil des Darms. Damit die Asana ihre Wirkung voll entfalten kann, ist es wichtig, den Bauchnabel so nah wie möglich am Boden zu halten. Der untere Rücken bleibt dabei möglichst entspannt.

_1 Ausgangsposition: Bauchlage. Die Hände befinden sich genau unter den Schultern. Die Fingerspitzen zeigen nach vorn.

_2 In der Haltung: Strecken Sie die Arme, und drehen Sie den Oberkörper – wiederum erst nach rechts, dann nach links. Versuchen Sie, die Drehung im Bauch zu spüren.

Zu jeder Seite 2-mal wiederholen.

Unterbauch-Drehung
Udarakarshansana

Die Unterbauch-Drehung massiert den Enddarm und bildet so die letzte der vier Reinigungs-Asanas. Wenn Sie auch sie ausgeführt haben, nehmen Sie erneut einen Schluck Salzwasser zu sich und beginnen wieder mit der Palme (siehe Seite 150).

_1 Ausgangsposition: Lockere Hocke

_2 In der Haltung: Heben Sie die linke Ferse und verlagern Sie Ihr Gewicht auf den linken Fuß. Gleichzeitig das rechte Knie bis knapp über den Boden senken. Oberkörper nach rechts drehen. Das drückt den unteren Bauch sanft zusammen. Beine wechseln und nach links drehen.

Zu jeder Seite 2-mal wiederholen.

Bücher und Adressen

Bücher, die weiterhelfen

Bauhofer, Ulrich Dr.: *Souverän und gelassen durch Ayurveda*; Südwest-Verlag, München

Desikachar, T. K. V.: *Patanjali. Über Meditation und Freiheit*; Via Nova, Petersberg

Desikachar, T. K. V.: *Tradition und Erfahrung*; Via Nova, Petersberg

Ellis, Albert: *Training der Gefühle. Wie Sie sich hartnäckig weigern, unglücklich zu sein*; mvg-Verlag, Heidelberg

Iyengar, B. K. S.: *Licht auf Yoga*; O. W. Barth, München

Osho: *Freude – Das Glück kommt von innen*; Ullstein, Berlin

Osho: *Mut – Lebe wild und gefährlich*; Ullstein, Berlin

Robbins, John: *Food Revolution*; Nietsch Verlag, Freiburg

Timmerberg, Helge: *Tiger fressen keine Yogis. Stories von unterwegs*; Piper, Müchen

Trökes, Anja: *Das große Yoga-Buch. Das moderne Standardwerk zum Hatha-Yoga;* GRÄFE UND UNZER VERLAG, München

Wilber, Ken: *Wege zum Selbst*; Goldmann, München

Bücher in englischer Sprache

Gannon, Sharon/Life, David: *Jivamukti Yoga. Practices for Liberating Body and Soul*; Random House, New York

Whitwell, Mark: *Yoga of Heart. The Healing Power of Intimate Connection*; Lantern Books, New York.

CDs und DVDs

Gannon, Sharon/Life, David: *Beginner Vinyasa*

Gannon, Sharon/Life, David: *Class for busy people*

Bayer, Dr. Günther: *DeHypno Trancen und Fantasiereisen zur Heilung der Chakren* (über www.dehypno.de)

Bauer, Ralf: *Yoga mit Ralf Bauer*

Adressen, die weiterhelfen

Sie möchten nicht (nur) zu Hause üben, vielleicht endlich den Kopfstand erlernen? Dann empfehlen wir den Unterricht bei qualifizierten Lehrern der Jivamukti Yoga Methode.
Eine weltweite Auswahl an Schulen und Lehrern, die direkt von Sharon Gannon und David Life ausgebildet wurden, finden Sie unter www.jivamuktiyoga.com. Dort gibt es auch ausführliche Informationen zur jährlich stattfindenden Lehrerausbildung mit den beiden Gründern der Jivamukti-Yoga-Methode.
In folgenden Yogaschulen finden Sie derzeit qualifizierten Unterricht in der Jivamukti-Yoga-Methode:

Deutschland

› Jivamukti Yoga Berlin
Leitung: Patrick Broome
Wilmersdorferstr. 98
10629 Berlin-Charlottenburg
www.jivamuktiyoga.de

› Spirit Yoga Berlin
Leitung: Patricia Thielemann
In den Rosenhöfen
Rosenthaler Straße 36
10178 Berlin
www.spirityoga.de

› lord vishnus couch
Leitung: Amy Heger, Nicole Bongartz
Maria-Hilf-Str. 15–17
50677 Köln-Südstadt
www.lordvishnuscouch.de

› lord vishnus couch
Leitung: Judith Hennemann, Frank Schuler
Aachener Str. 23
50674 Köln-Zentrum
www.lordvishnuscouch.de

› Jivamukti Yoga München
Leitung: Patrick Broome, Gabriela Bozic
Schellingstr. 63
80799 München-Maxvorstadt
www.jivamuktiyoga.de

› Yogaloft
Leitung: Gabriela Bozic, Michi Kern
Müllerstr. 3/Rgb.
80469 München-Gärtnerplatz
www.yogaloft.de

› Yogaloft
Leitung: Antje Schäfer, Petros Haffenrichter
Wörthstr. 9/Rgb.
81667 München-Haidhausen
www.yogaloft.de

England

› Jivamukti Yoga London
Leitung: Manizeh Rimer
300 Kensal Road
London W10 5 BE (in Notting Hill area)
www.jivamuktiyoga.co.uk

USA

› Jivamukti Yoga School
Leitung: Sharon Gannon, David Life
New York City, Downtown
841 Broadway, 2nd floor
New York, NY 10003
www.jivamuktiyoga.com

› Jivamukti Yoga Center Uptown
853 Lexington Ave, 2nd floor
New York, NY 10021
www.jivamuktiyoga.com

› Jivamukti Yoga Detroit
Leitung: Phyllis Swalwell
203 North Park Blvd.
Lake Orion, Michigan
www.jivamukti-detroit.com

Kanada

› Jivamukti Yoga Center Toronto
Leitung: YuMee Chung, Vanessa Kennedy, Jeannine Woodall
5 Shuter Street, 3rd floor
Toronto, Ontario M5B 2H8
www.jivamuktiyoga.ca

Empehlungen für qualifizierte Yogalehrende der verschiedensten Stilrichtungen finden sie auch unter:
www.yoga.de
www.bdy.de

Kontakt zu den Autoren

Gabriela Bozic
Patrick Broome
Jivamukti Yoga München
Schellingstr. 63
80799 München
www.jivamuktiyoga.de
gabriela@jivamukti-muenchen.de
patrick@jivamukti-muenchen.de

Register

Verzeichnis der Übungen

Dank der Autoren

Zu allererst der Dank an unsere Eltern, ohne sie gäbe es uns gar nicht. Und dann natürlich Dank an unsere Lehrer: Sharon Gannon und David Life für eine spirituelle Heimat, Mark Whitwell dafür, dass er in uns die Lebenskraft erweckt hat, Mahasattva für seine Liebe, Gurmukh Kaur Khalsa für ihre mütterliche Wärme, Elisa Bruni dafür, dass sie die Technik der Yogahaltungen so spannend und lebendig macht, Godfri Dev für seine Unkonventionalität, Osho dafür, dass er unsere Konzepte immer aufs Neue erschüttert und in Frage stellt, und Sascha Karner für seine Freundschaft. Außerdem danken wir ganz besonders Alexander Eichhorn, Antje Schäfer, Anja Medau, Bettina Anner, Carin Zahn, Claudia Lederer, Jen Peters, Jutta Däschlein, Jörg Salzbauer, Karin Metzger, Marie Holtmann, Michi Kern, Monika Lettl, Nadja Palmers, Nicole Bongartz, Nicole Rudschinat, Nikolina Kucic, Nina Woischnik, Patrizia Döringer, Petros Haffenrichter, Romana Kucic, Rosalia Battaglia, Sakina Liebich, Steffi Orion, Steph Jaksch, Tia Viering und Tom Beyer dafür, dass sie an die Wirksamkeit des Yoga glauben und für ihren Mut, Yoga auf ihre ganz eigene Art und Weise zu unterrichten.

Impressum

Programmleitung: Ulrich Ehrlenspiel
Redaktion: Ina Raki
Lektorat: Sylvie Hinderberger
Bildredaktion: Henrike Schechter
Satz und Gestaltung: Christopher Hammond
Innenlayout und Umschlaggestaltung: independent Medien-Design, München, Claudia Hautkappe
Herstellung: Markus Plötz
Repro: Longo, Bozen
Druck und Bindung: Printer, Trento

ISBN (10) 3-8338-0220-0
ISBN (13) 978-3-8338-0220-1

Auflage 5.	4.	3.	2.	1.
Jahr 2010	09	08	07	06

Umwelthinweis

Dieses Buch wurde auf chlorfrei gebleichtem Papier gedruckt. Um Rohstoffe zu sparen, haben wir auf Folienverpackung verzichtet.

Bildnachweis

Fotoproduktion:
› Jan Rickers

Ein Dankeschön für die freundliche Unterstützung der Fotoproduktion an:
› Sport Scheck München
› USA Pro
› Venice Beach
› www.yogishop.com

Weitere Fotos:
AKG: S. 9; Connie Hansen: S. 4; Corbis: S. 15 r., 18 l., 22, 27 l., 29, 44, 93, 105, 112, 139; Getty: S. 36, 51 r.; GU-Archiv: S. 15 l. (H. Bischof), 81 (N. Olonetzky), 31, 51 l., 133 (J. Rickers), 111 (M. Wagenhan); Huber Bildagentur: S. 123 r.; Ifa: S. 145 l.; Master file: S. 145 r.; Mauritius: S. 123 l.; Panther-Media: 38.

Illustrationen:
› Bewegungsfolgen auf dem Poster: Isabelle Jozina Fischer, München

Zitat Xavier Naidoo aus »Dieser Weg«
Text: Xavier Naidoo; Musik: Xavier Naidoo/Philippe van Ecke
Verlag: Edition Wortgewandt/ Hanseatic Musikverlag

DAS ORIGINAL MIT GARANTIE

IHRE MEINUNG IST UNS WICHTIG. Deshalb möchten wir Ihre Kritik, gerne aber auch Ihr Lob erfahren. Um als führender Ratgeberverlag für Sie noch besser zu werden. Darum: Schreiben Sie uns! Wir freuen uns auf Ihre Post und wünschen Ihnen viel Spaß mit Ihrem GU-Ratgeber.

UNSERE GARANTIE:
Sollte ein GU-Ratgeber einmal einen Fehler enthalten, schicken Sie uns bitte das Buch mit einem kleinen Hinweis und der Quittung innerhalb von sechs Monaten nach dem Kauf zurück. Wir tauschen Ihnen den GU-Ratgeber gegen einen anderen zum gleichen oder zu einem ähnlichen Thema um.

GRÄFE UND UNZER VERLAG
Redaktion Körper & Seele
Postfach 86 03 25
81630 München
Fax: 089 / 41981-113
E-Mail: leserservice@graefe-und-unzer.de

Wichtiger Hinweis

Die Informationen in diesem Buch stellen die Erfahrung und Meinung der Autoren dar. Sie haben alles nach bestem Wissen erstellt und mit größtmöglicher Sorgfalt geprüft. Alle Übungen wurden danach ausgewählt und dargestellt, wie sie sich in der Praxis bewährt haben. Sie sind für Menschen mit normaler Konstitution geeignet. Es liegt jedoch in der Verantwortung der Leserinnen und Leser zu entscheiden, wie häufig sie eine Übung machen oder ob sie sich gegen ein Übung entscheiden. Lassen Sie sich in allen Zweifelsfällen zuvor durch einen Arzt oder Therapeuten beraten! Weder Autoren noch Verlag können für eventuelle Nachteile oder Schäden, die aus den im Buch gegebenen praktischen Hinweisen resultieren, eine Haftung übernehmen.

Die GU-Homepage finden Sie unter www.gu-online.de

GRÄFE UND UNZER
Ein Unternehmen der
GANSKE VERLAGSGRUPPE